Cara Bruna

Teachers at Their Best

⚘

Enseignants sous leur meilleur jour

Teachers
at Their Best

Enseignants
sous leur meilleur jour

Gina Valle

Diversity Matters

Copyright © Gina Valle, 2012

The use of any part of this publication, reproduced, transmitted in any form or by any means, electronic, mechanical, photocopying, or otherwise stored in an electronic retrieval system without the prior consent (as applicable) of the individual author or the designer, is an infringement of the copyright law.

Cover design: Carmine Groe
Typography: Grey Wolf Typography

Library and Archives Canada Cataloguing in Publication

Valle, Gina,
    Teachers at their best = Enseignants sous leur meilleur jour / Gina Valle.

Issued also in electronic format.
Text in English and French.
ISBN 978-1-927443-08-8

    1. Multicultural education--Canada. 2. Teachers--Canada. I. Title.
II. Title: Enseignants sous leur meilleur jour.

LC1099.5.C3V35 2012   370.1170971   C2012-903906-3E

Catalogage avant publication de Bibliothèque et Archives Canada

Valle, Gina,
    Teachers at their best = Enseignants sous leur meilleur jour / Gina Valle.

Publ. aussi en format électronique.
Texte en français et en anglais.
ISBN 978-1-927443-08-8

    1. Éducation interculturelle--Canada. 2. Enseignants--Canada. I. Titre.
II. Titre: Enseignants sous leur meilleur jour.

LC1099.5.C3V35 2012   370.1170971   C2012-903906-3F

Fourfront Editions
An imprint of Quattro Books
382 College Street,
Toronto, Ontario M5T 1S8

Printed in Canada

Teachers at Their Best

Contents

Introduction	11
Diversity in the 21st Century	13
Getting To Know the Author	17
The Teachers	21
Creating a New Learning Environment	33
The Diverse Classroom	59
What Lies Ahead	87
Concluding Remarks	99

Introduction

It is with the stories found in this book that I gained a deeper understanding of diversity, and it is also with these stories, as told by teachers, that remind us of the importance of teaching with compassion, an open mind and an open heart. To understand and live comfortably in the presence of difference is to accept not only the complexity, but also the wonderment that such difference brings to our lives, and to society at large.

Forty years after my father arrived at the port of Halifax, I took a journey to this historic east coast city to see for myself what my father's first impressions of this place called Canada might have been. I spent days walking around the city, and hours walking through the museum at Pier 21, which honours the immigrants who arrived at Canada's Atlantic port over a period spanning eighty years. At the start of the exhibit, there was a detailed list displaying the immigrants' countries of origin. The list was long. I stood back and marvelled at it. I could not help but think about the people from around the world, with diverse languages and religions, who chose Canada as their new homeland. I could also not help but think how we somehow need to continue finding ways to live, work, and grow together to build a nation. This is what I mean when I speak of 'wonderment'. While other nations draft anti-immigration laws, build 'walls' around their racial and class-based ghettos, or inadvertently segregate their citizens according to skin colour, we, in Canada, are attempting to make sense of this messy reality called multiculturalism. As Canadians, we acknowledge the blemishes, the inconsistencies, the awkwardness of living in a country that blends diverse dialects, traditions, skin colours, religious icons, and incompatible family beliefs, into an expanding concept of nationhood – and trying to make it work. What a frustrating, but worthwhile, experiment.

Every country has its aberrations, and Canada is no exception. I certainly do not want to dismiss the racism and discrimination that can be the by-products of immigration. As a nation, we have undoubtedly come a long way from the racism and anti-Semitism evident in pre-war and post-war Canada. Nevertheless, the teachers you will meet in this book demonstrate, in their interactions with their students, that diversity is a Canadian reality – a reality which is manageable, rewarding and increasingly becoming a mainstream construct. Once we accept this to be true and integrate it on a daily basis into our lives, we will move past the sometimes meaningless social rhetoric on diversity.

The stories in this book demonstrate how we can learn from one another – not only with food and fanfare, but with compassion and open-mindedness. The historical presence of Canada's bilingual 'two founding nations', situated within a multicultural reality, places our country in a strategic position to demonstrate the challenges and rewards of living in a pluralistic society, and to guide the global discourse on living equitably and justly in a context of difference. This book is dedicated to this possibility.

Teachers at Their Best demonstrates what teachers are doing *right* in their classrooms, instead of what needs to be done better. The challenges they face in pluralistic classrooms, and their efforts to teach in these environments, need to be recognized. In the past, we have been much more vigilant in documenting what has not worked than in searching for examples of success. Working with diversity, and the uncertainty and second-guessing which comes with it, is a formidable task.

The focus of this book examines the notion of good practices, which is interpreted as what the teachers are doing *right*. Oftentimes, diversity rhetoric is brimming with commentary on what needs fixing, with little emphasis on the small victories. *Teachers at Their Best* is about the small victories. When difference is transcended with a spirit of compassion and open-mindedness, such victories serve as an inspiration. I strongly believe that emphasis needs to be placed on good practices because of the potential to guide us in the dialogue on difference. Throughout the course of the book, you will note that the way in which the educators teach is not exclusive to the diverse classroom, but rather is an expression of their beliefs and values, and representative of the way in which they lead their lives on a personal and professional level. In the end, becoming a pluralistic educator is a journey. The teachers' reflections serve as a starting point for further discussion around what it means to incorporate a pluralistic philosophy into our lives, and what it means to become an inclusive citizen in a democratic, just society.

It was a privilege to work alongside these teachers. I hope I have done them justice.

Diversity in the 21st Century

IN THE PAST CENTURY, and continuing into the twenty-first century, many Western countries have become racially and ethnically diverse, more polarized along class lines, and more conscious of gender differences. Diversity is at the centre of the discourse regarding issues of national identity, the construction of historical memory, the purpose of schooling, and the meaning of democracy. Over the last several decades, diversity has undoubtedly become a contentious issue in the debate over who gets to create public culture. This argument will continue to dominate public discourse, particularly since groups who have been traditionally excluded from the public school curriculum, and from the ranks of higher education and political life, become more vocal as they access different areas of society in increasing numbers. Groups who were traditionally subordinated are demanding access to resources, and seeking input into the direction their society is taking.

If students are going to learn how to take risks and be willing to confront their role as citizens in a democracy, they need to see this behaviour demonstrated in the practices of their teachers. If diversity is to thrive, and be authentic, educators need, first and foremost, to promote practices in which teachers and students reflect on what it means to live equitably in a democracy. As educators we need to search for the *unity* which can be found *in our differences*. It is a position where we need to stress what is universal, without forgetting what is particular. What occurs next is that our dialogue will focus on the richness of difference and the value of what is shared. All cultures in a society complement each other with quite different kinds of contributions. Eventually a shift happens, where difference (of culture, race, religion, gender, class) is no longer seen as something to be tolerated, but as an important part of democratic life, and ultimately where *difference itself reinforces the democracy we live in.*

Given that many societies around the world are becoming increasingly multicultural, multifaith, multiracial, replying to the diaspora 'this is how we do things here' can no longer suffice for immigrant-receiving countries. The challenge is to deal with the shifting sense of values, beliefs and behaviours without compromising the basic principles of the country. As a result, what can happen next is that we develop new ideas and make comparisons between our culture and someone else's, or between our faith and our racialized experience and someone else's. This 'new' space in turn becomes a fusion of cultures.

When there is a departure from the norm, it does not need to be interpreted as a deficiency. It means rather that we are different and that we have a right to be different, and this presumption requires us to be open to the point of widening our own horizons. When multiple cultures, religions, and people come together in one country and call it home, we need to think about the larger questions of fairness, mutual advantage, resource distribution, political and social consensus and how they are being negotiated on a daily basis by the individual, and by the country.

What we need to dialogue

Socialization is such a powerful process that people are rarely aware that other realities outside of their own experiences exist. As such, people tend to view the world solely from their own viewpoint and think their way of proceeding is best. Although a certain degree of ethnocentrism is necessary to bind a group of people together in a given culture, society or religion, it also can become an obstacle when we need to interact and work with others.

In intercultural dialogue, when we meet and interact with someone from a different cultural, racial, or religious background, we then recognize that we have our own way of doing things. Frustrations and misunderstandings arise when our assumptions go unfulfilled. In the end, effective intercultural dialogue can occur only when both parties suspend judgement and try to understand the reasons behind each other's actions, with the intention of understanding and accepting the other person's behaviour. Both parties need to be able to listen, but it is those with the most power, those in the majority, who must take greater responsibility for initiating the dialogue. The more we continue to have authentic encounters with those who are different from us, the less likely we will categorize and distance ourselves from them.

In the end, what we hold in common becomes inclusive and provides unlimited possibilities for dialogue. There is a lot of power in pluralism, and much of it we still do not understand and is yet to be explored. An example of this power is an expanding sense of citizenship and community. Rather than viewing difference as a weakness or a problem, we need to begin to recognize it as a source of strength. If we express a willingness to be receptive, we can learn to see the world in new ways.

With pluralism, however, comes ambiguity, as we delve into unfamiliar experiences and try to interpret the situation from multiple vantage points. Looking at familiar issues through the eyes of an outsider is like coming back to the experience from the opposite side, and that can initially be unsettling. It is by the very process of misunderstanding others, by interpreting their claims and beliefs in slightly different terms, that the process of communication inches forward to new understandings, albeit still with some ambiguity.

Another way to proceed and frame it is: when I look at you, I search for what is common between us as human beings. If I have respect for you, I can see no reason why I cannot treat you with dignity, in every given circumstance. The cornerstone of all meaningful human dialogue and interaction is to treat one's neighbour as one would want to be treated. This is perhaps even more true in a pluralistic society. Although this dictum dates back to the time of Moses and Confucius, I have tried to understand why this dichotomy of *us* and *them* is pervasive in our society. Perhaps the notion of *us* and *them* is another way of justifying the darker side of difference: racism, prejudice and inequity. It becomes much more difficult to inflict pain on *me* when you see me as a part of *you*. Conversely, I am unlikely to inflict pain on *you* if I see you as a part of *me*. Frankly, once we view our lives as interdependent, we are less tolerant of this idea of *us* and *them*. When we put our beliefs on hold, we cease to exist for a moment. In the end, what we need to do is turn ourselves inside out and give up, even for a short while, who we are and what we believe in. When we meet someone who is different from us, the only way we can remain open-minded is to suspend our sense of superiority. If we see the individual as inferior to us, then the dialogue and the learning will not be genuine.

As citizens, we are at ease with the ways of mainstream society, whereas a newcomer, or even someone who has lived in the country for a few years, must learn how to belong and experience the awkwardness of learning how to live in a new culture. The way in which we treat the person who is different says much more about us as a country than it does about them. Will our response be one of indifference, distain and suspicion, or of interest, friendship and openness?

Getting To Know the Author

WHO WE ARE AS educators and individuals is critical to the way in which we teach and learn. Central to each of our lives is a set of principles by which we live. As we grow in a family and develop an awareness of what defines our perception, our behaviour and our values, these same principles become a means through which we interpret the world. Who I am as an individual is directly a result of my past experiences, my interpretation of those experiences, the beliefs I have adopted, and the values that guide me. What I know of the world is grounded in my understanding of the life experiences I have undergone. I am a product of my culture and have learned to view reality from the vantage point of the values instilled in me. By posing critical questions about what has shaped us as people, and interpreting them, we reveal the essence of who we are, and by doing so, we become better educators.

My story is not unlike that of many students in our classrooms today.

∽

Children of immigrants

As an individual exposed to two ways of viewing the world, I experience dissonance time and time again. I am reluctant to adhere to only one culture, as I travel daily between the rural, southern Italian culture I know inside my home, and the urban, mainstream Canadian culture I encounter in the world outside. The competing loyalties between these two cultures impact on my thoughts and actions. Language and culture shape my life as they weave their way through my identities as daughter, mother, wife, granddaughter, friend, professional.

Creating a new culture, one that straddles the old world that my parents understand, and the new world of contemporary Canadian society, has always been an exceedingly complex process for me. As a child of immigrants, I often attempted to reconcile the irreconcilable: the home with the school, the private with the public. As a child, I was forced to choose between family and school, and this inevitably became a choice between belonging to a community, or succeeding as an individual. The schism between these colliding realities has caused part of the pain and alienation I have known as a first-generation Canadian. Having said that, it also has allowed me to see and experience the richness of developing a dual vision. Although I am proud of my ability to function in two worlds, I have often been tempted to renounce allegiance to my first culture and language.

Children of immigrants learn to live in two worlds, where their reference points vary according to the culture they are placed in the moment. As a first-generation Canadian, I do not feel a member of either culture. Over the years, I learned to maintain and modify my Italian culture in order to make it valid and workable in a new society. There is some consolation in knowing that many children of immigrants share this predicament. Over time, as I learned to accommodate the Canadian culture, I silently abandoned my first culture. I believe that this is the reality of many first-generation Canadians as we struggle to amalgamate two cultures. Immigrants implanted in a new homeland often know only one way of viewing the world. Children of immigrants always know two. Complex negotiations become a part of our daily decision-making process as both cultures compete for our allegiance. The tangible tensions between two cultural systems, two frameworks of meaning, remain within me. It is this conflict that has fuelled my professional work, as I continue to search for ways which bicultural children in our classrooms can accept and wholeheartedly believe in their additive contribution to education.

I have choices when these two cultures collide. Many of these choices are accompanied by feelings of anger, guilt, joy, privilege and strength. From an early age, I developed coping strategies in an attempt to resolve the conflict within me. Ever since I was a child, I made every attempt to be recognized as an impeccable member of Canadian society, which inevitably consisted of closing off my private life when I closed the door behind me and went to school. I became resourceful as I adjusted my behaviour to respond to the expectations of the Canadian culture. Oftentimes, I listen to my parents' voices trying to make sense of the choices they have made, and the lives they have led, dislocated from the old world, alienated in the new. In the end, however, living in two cultures has made me a more flexible, open-minded and resourceful person.

On being a woman

As a woman raised in a traditional culture, I was only expected to wed and embrace motherhood. The added accomplishment of higher education and a profession were niceties. I am often caught between my first culture's expectations and my own needs and aspirations as a woman. I have had to work twice as hard as the men in my culture, only to receive half the recognition. As such, I have lived in a sea of crushing pressure to conform and limit my expectations to that of wife and mother. In other words, I was expected to accommodate to the cyclical movement of marriage and motherhood. In many ways, although I am deeply connected to my cultural environment, I quietly chose to rebel against the same culture that can devalue women, and instead opted to walk away from the 'script' that others had written for me.

It seems that few of my accomplishments in life are worthy of discussion around the kitchen table. According to my culture, in order to be a 'real' woman, success is measured not in academic terms, but in how well I tend to the hearth. In the home, I clear away the table and make coffee for my uncles. Outside of the home, I challenge people's biases and teach immigrant women about their rights. At times, the dissonance between the competing images of womanhood is difficult to shoulder. Many young girls in our classrooms are attempting to resolve the same dilemma. They need to face their dragons one by one, and with time their courage may surface.

Having grown up feeling that few choices were available to me outside of a traditional female lifestyle, my hope is to create a space for young women to consider that they have more choices. Within the traditional family setting, my mother and grandmother served as laudable role models. Outside the home environment, however, I had few positive role models. I was struck by this uneasy discovery when, prior to being admitted to the Faculty of Education, during a formal interview I was required to answer a number of questions regarding attitudes and beliefs about education. Although many of the questions required careful thought, none caused me to pause until I was asked, "Who has been a mentor for you?" I mumbled some obscure answer and continued with my interview. Little did I know that this question would become central to my work, prompting me to explore the meaning of the *absence* of female role models outside the traditional home environment. By sharing my experiences in this book, I hope to encourage other women to redefine the boundaries of their identities, to understand their choices and the consequences of those choices, and ultimately, to face their own dragons in the hopes of leading fuller lives.

The Teachers

IF WE WANT TO understand teaching, we need to gain insight into teachers and their experiences. Hence, in this chapter I would like to introduce the teachers, who share their values and families, and the meaning of their dreams and vision.

Any attempt to portray the life and work of today's teachers must begin by recognizing the context within which teaching takes place. Change is occurring in our society with increasing rapidity. Technological innovations, economic restructuring, and social media are but a few factors that have brought about change in society, and consequently, in our schools. Add to that changing family roles, television, violence, and the difference between today's students and those of twenty years ago, and it is obvious that today's teaching environment is as challenging as ever before.

Today's students are growing up more rapidly, are more familiar with their rights, enjoy greater freedom and have a greater knowledge base. Nowadays, students know more because of increased mobility, travel, internet, educational toys and interactive games. As a consequence, that knowledge can be fragmented, random, and not organized or integrated. Today's students tend to be more open, assertive and independent. It depends on the situation, but they sometimes view school with less respect and even express disdain towards it. Overall, today's youth are exposed to changing family dynamics, the allure and power of social media, violence, drugs, and crime, and become sexually active at a younger age than has traditionally been the case. It is a complex new reality.

One of my goals in speaking with the eight educators from various linguistic, cultural and racial backgrounds was to determine how they made sense of the challenges they faced in their Montréal classrooms and schools, with their students and the community at large. These

Francophone, Anglophone, and Allophone educators were selected based on the degree to which they were immersed in diversity in their schools, and the extent to which they adapted over time to the changing teaching environment.

In this book, I chose to work extensively with a few teachers, instead of a larger number in a more superficial way. For example, instead of compiling data representative of a large body of teachers in the hopes of constructing a model of the 'common' teacher, my objective was to provide a case study of actual teachers who have demonstrated their commitment to the educational system. This choice was based on the belief that it is in the daily, lived experiences of practitioners, rather than in educational commissions, policy initiatives or research institutions, that we can best understand teaching.

In the following pages, I introduce the Montréal teachers who represent different racial, ethnic, linguistic, and class groups. In many ways, they are important exemplars of diversity in our society. These women and men are experienced educators with anywhere from ten to forty years of teaching. They share their past and present experiences to demonstrate how they have adapted to their changing teaching environment. I spent approximately two years with these teachers, during which I used a variety of different sources to collect the data: interviews, classroom observations and reflective journals. My approach to interviewing was to find meaning in their classroom practices. When observing them, I asked them to help me understand the details of their work. The overarching purpose of classroom observation was to see teachers at work and understand how they became the teachers that they are. The classroom visits allowed me to understand their instructional style, with a particular focus on the problems they encounter in their pluralistic classrooms. Journal writing offered a place for the teachers to explore with me the planning and outcomes of curriculum, classroom management and instructional strategies. The journals encouraged reflection and increased the teachers' awareness of their own practice. In addition, the journals provided us with a forum to discuss the central issues pervasive in teaching.

Great teachers come in all sizes, shapes, temperaments and personalities. Each teacher is at the centre of his or her classroom. Gaining insight into the way that teachers maintain and develop their identity throughout their careers is important in understanding how they work at making their classrooms and schools good places in which to learn. As I introduce each of these teachers, it is my hope that their strength, compassion and success at adapting to a changing teaching environment will become apparent, and will shed light on how best to serve the diverse needs of their students.

Marie

It was only by chance that Marie came to Canada. After studying to be an English teacher in France, she accepted a one-year teaching position in England. However, prior to taking up her position, she one day overheard a woman mention that teaching opportunities were available in Canada. She decided to apply, even though Canada was so much farther from her homeland, reasoning that the position would, after all, be only for one year.

After receiving her acceptance, Marie arrived in Winnipeg, ready to begin teaching. In Manitoba, there were far more opportunities to teach French than English, so she taught French as a Second Language at the University of Manitoba, and in high school to students who were not, as she says, particularly interested in learning French. After two years, she did language training in a national company in Winnipeg, which was her first experience with teaching in a multicultural setting, since many of the employees came from Trinidad, Tobago, Pakistan and India. After several years, her husband's work brought them to Montréal. Given her previous experience in Manitoba, she was able to begin teaching in Québec shortly after their arrival.

I love teaching. It seems like it should be a given if one wants to teach, but that is not always the case. I especially like the social aspect of my work. I am not only a teacher. I am also a social worker, a nurse, a psychologist, a mother, and a father to these children. If I hadn't been a teacher I would have been a social worker. I always knew that.

When we work with students we get a lot in return. Even if it is difficult, I would never change my work. I am sensitive when it comes to issues of separation – I come from a family where my parents were divorced and I left my family to come to Canada, which meant leaving everyone behind.

John

When I met with John at his home, he asked me to guess where he was born. Before I could respond, he informed me that he was born on an island.

When I say island, people make assumptions that I was born elsewhere. Considering how I look, I must be Jamaican or Barbadian, not a Montréaler or a Canadian.

John was raised, along with his two brothers and two sisters, in an inner city environment in Montréal, in an extremely poor home. His father worked for the Canadian Pacific Railway as a porter. According to John, his father was a brilliant man. He came from Guyana with many skills. He had been a printer in Guyana, but in Canada he was unable to practice his profession; because the newspapers denied him the chance to work in his field, he worked as a porter.

My father called his job a 20th century slave job. His job was to make beds, to clean peoples' shoes. That troubled him all his life, because he knew he was worth more than that. He would always tell us that he never wanted any of his children to work in that kind of environment. He considered his work legalized slavery.

John's mother worked as a maid. She was an intelligent, but undereducated woman. Nevertheless, she could read anything, be analytical, and could 'cut to the chase', according to John. His mother taught him respect and introduced him to Black heroes and ethics. She had one golden rule by which all of her children were to abide: "Do as you would be did by." John remembers as a young boy playing street hockey when one of the neighbours passed by and he was rude to her. Upon returning home, this same neighbour called John's mother and told her how John had spoken to her. His mother wasted no time in coming outside and giving him a beating for his rudeness. "Do as you would be did by."

After working in industry for a while, John decided to pursue a teaching career. While at university, he worked in a street program in the Montréal neighbourhood known as Little Burgundy, where he would spend time with inner city kids until they needed to go home at 7:30 p.m.

I went into teaching because I think I'm pretty good with kids. I think I have always been good with kids. I remember when I was a bachelor living in St. Laurent. A lot of the kids knew me and sometimes on Saturday morning they would knock on my door. My roommate would answer and the kids would ask, "Can Johnny come out and play?" Kids tell me everything. They tell me before they tell the VP. At my last school, they used to put that to their advantage. If something would happen, they used to put me with the kids. I could get to a situation sooner than anyone else.

I come from the inner city. I understand the workings. When I began teaching, I asked to be put in an inner city school because I knew I could do it. I was born a few minutes from where I work and live.

∽

Diane

Diane's parents were born in Greece, but she was born in the Maritimes. At an early age, Diane lost both her father and her only brother. Her mother worked as a seamstress to support the family. She grew up in a town with a population of 100,000. There were not many immigrants settling in the Maritimes in those days. There were a few Greek families, but not many. For a long time, she never thought that her childhood was different from that of other children, until she began working with children from culturally diverse backgrounds, which helped her to better understand them.

In my school, I was the only non-Anglophone child and it was the same in high school. I felt comfortable in the sense that no one would point me out because I looked different, but I had a hard time because of my name, because people would mispronounce my name. Also, I celebrated holidays differently and I would have to explain that I wasn't Catholic or Protestant. Then there was the food which was common in my diet and uncommon to the other kids. The language I spoke at home was so different. I didn't want people to hear me speak Greek. This started to affect my vocabulary and ability to speak Greek.

Diane applied to university to pursue a degree in the sciences. When she was accepted, she left the Maritimes for good. Once she completed her undergraduate studies, she became a supply teacher for a year, and then was asked to teach a class on a full-time basis when the regular teacher left. The following summer, she enrolled in an emergency teacher training course which lasted for three consecutive summers. Early in her career, she married a man of Greek origin and had one child. Diane has spent her entire career at the same inner city elementary school, as a teacher for the first six years, then as vice-principal for six years, and finally as principal for the past 18 years.

What I found when I first came to this school is that kids didn't want to be heard speaking another language because they didn't want to be made fun of. I've been at this school for a long time, as a teacher and as an administrator. When I was first a teacher here, the population was primarily Chinese and Greek and they complemented each other nicely. The quiet and boisterous, so to speak. The Chinese spoke Chinese, but they would whisper so they wouldn't be heard and be embarrassed because the kids would make fun of them. I identified with that right away.

When I was younger, I wouldn't tell my mom about meetings at school because I didn't want her to come. So my mom hardly stepped foot in the school I attended. For some reason, I felt close to the Chinese students and it became a goal for me to get these kids to be proud of their language and heritage. After I returned here as a principal, we had more or less the same population, Chinese and Greek, with other ethnic groups, and I thought, "How was I going to work on this?" We started very slowly, 18 years ago. It didn't happen overnight.

❦

Nadine

Nadine was 21 years of age when she came to Canada to pursue her studies in music. She was the youngest of seven children. In those days, Canada was regarded as a good place to pursue studies, and furthermore the Canadian university system was similar to the British system, which her family was familiar with in Jamaica. Nadine was young when her father died. She lived with her mother and siblings in a remote Jamaican village in the hills, so they learned to be self-sufficient. They had everything they needed on the farm, but when it came time to go to school they had to travel to the nearest town. Her father had always told the children to pursue a profession that would serve humanity, while her mother told them to do what would make them happy. Nadine chose music, but teaching chose her.

In those days, it was difficult to obtain a professional degree in Jamaica. We didn't have any faculties of law or medicine, so I decided to come to Canada. Several of my brothers and sisters left for England to pursue their studies. I always wanted to be a musician. I started to do some teaching in order to support my music, and before long I was teaching full-time. I guess you could say that teaching found me.

Nadine has been teaching kindergarten for over 40 years. When she first came to Canada to attend university, many people assumed that she did not have much of an education. That attitude did not seem to be as much of a challenge to her as the weather.

I arrived in September and it was already cold. I wasn't afraid of coming alone, I suppose because we were always encouraged to be self-sufficient living in the remote village where I grew up. I thought I was ready for the Canadian cold, with my wool skirt, jacket, coat and new stockings, but it was still a shock to my system. I lived in residence and every night I would stay up thinking about how I would make it across a 10-metre passage from residence to the building where my classes were held.

Sometimes I see young children with gloves awkwardly put on their hands. I help them put them on because they come from a country where you can't imagine that you have to cover your fingers. I can sympathize with them because I really didn't know how to deal with the cold. I still don't some days.

Nadine enjoys playing a number of instruments, as do her husband and three children. Her husband, who came at an early age from Montserrat, the British West Indies, was able to learn French and eventually became a teacher in a French school.

Pierre

Pierre is a Quebecker from Montréal. French is the only language he spoke at home. In CEGEP, his studies were in special education. After school, he would work in a centre for disadvantaged orphans. He was not required to do any teaching while at the Centre, only to organize activities and spend time with the children, until circumstances changed and Pierre began doing some teaching.

After the budgetary cuts my hours at the Centre went from 36 to 18 hours. If I wanted to continue working, I knew I would have to teach, so I decided to go into education. As a result, I was able to get more hours, which I liked. The Centre allowed me to teach, even though I didn't have a teaching degree. I taught because no one else wanted to teach these kids.

In the meantime, Pierre was able to complete his Bachelor of Arts degree and has been teaching for over two decades. During the summer months, Pierre does not take a break from working with kids. Even though he has two children of his own, he enjoys working in summer camps as a facilitator.

The most important thing for me is to make school pleasant enough for the children that they'll want to come to school. Kids can come up with a lot of reasons why they don't want to go to school. When I tell my kids there won't be any school tomorrow, they seem disappointed. I'm pleased to see that kind of reaction. If they enjoy coming to school, everything else will fall into place. School has to be a place they enjoy coming to.

I laugh a lot with the kids. You have to have a good sense of humour. The kids need to be at ease, otherwise they won't feel comfortable contributing in class. We have class outings. I take them to the theatre downtown and in October we go apple picking.

Queenie

Queenie was born in Kingston, Jamaica. Her father, a Methodist, was a very strong person. He converted to Catholicism in order to marry Queenie's mother, also an exceptionally strong woman. There were six children in the family, and for as long as she can remember, Queenie's parents always worked in the family business, a general store, located in an underprivileged part of Kingston. It was a given that all the children would spend time at the store to help their parents. Queenie didn't seem to mind, she enjoyed being there, meeting and talking to people in the community.

From an early age, Queenie witnessed certain values being demonstrated at home: respect for others, the importance of not speaking ill of others, and helping out in the community.

I remember at times if I would begin speaking ill of someone's character, my father would remind me, "Let life take care of it." That's all I needed to hear, even though it was hard to follow that advice sometimes. My father was very giving to the community. As a child, I remember him always going to meetings. He sat on so many committees, helping people out.

During high school, Queenie would go to the local YMCA, which was located near her parents' business, to do volunteer work with special needs children. After high school, Queenie wanted to pursue her studies in commerce. She decided to pursue a program in Canada in business and applied sciences, and also intended to travel and then return to Jamaica. But, as fate would have it, she met her husband at university and Canada became her home.

Going into education was an interesting curve for me. It wasn't what I wanted to do when I was young because I thought I wanted to be an accountant. That's why I was in business studies. I then switched to the social sciences, which led me to think that I wanted to do social work, but I found it very sterile and so decided to go into teaching. So I ended up doing my social work as a teacher. That was by choice.

When she began as a teacher she taught business, law, math, and later computer science to special education children for over 13 years, until she became vice-principal.

Teaching special education children was very rewarding for me. I learned to become patient and accepting. You need to not only be a teacher, but also a friend. You need to be honest, because these kids read you in a flash. I really found my niche working with these kids.

Queenie later became a principal at the same school, which is a category one, high-needs school.

∽

Sarah

Sarah was born in northern Québec, as were both her parents. She considers herself an Anglophone, even though her mother is French Canadian. Since her mother was quite bilingual and married an Allophone, English was the language spoken at home. Sarah completed an undergraduate degree in Religious and Feminist Studies. After receiving her Bachelor of Arts, she worked as a restaurant manager for eight years. She came to realize that this line of work was not of particular interest to her, and with a small child at home, her working hours were unsuitable. Sarah decided it was time to change professions.

I thought about what I wanted to do, about my dreams. I was reminded of an excellent instructor I had had who had introduced me to liberation theology. I wanted to do what he was doing and what he had done for me. I came to understand that this professor and his course had been very meaningful for me, so I wanted to do the same in my life. I wanted to talk to teenagers about freedom, God, justice.

After completing her education degree, Sarah was offered a teaching position where she has been teaching Moral and Religious Education to adolescents. She lives in both languages and loves both cultures. Sarah considers herself a Canadian when she travels outside of Canada and a Quebecker when she is outside of Québec. When she is with her students, she is Canadian, but Québec is her home.

I suppose that is why discussions on tolerance and acceptance are so important to me, because I live in both cultures and see both sides of the same argument. I talk to my kids at school about what it means to live in a tolerant society, and that we should be more than just tolerant, and not hold tolerance up as the supreme Canadian value. If I had a philosophy of education, I would want to hold up the mirror, and have the kids look at themselves and ask themselves difficult questions.

Sorin

Sorin was born in a small town in the former Yugoslavia, which used to be home to over 16 ethnic groups. Diversity was a fact of life for him in his homeland.

I am of Romanian origin. Where I lived, not many ethnic groups knew how to speak Yugoslavian, except for two or three words to get by. I learned Serbo-Croatian because I attended school in Yugoslavia. There was always such a mixture of people in my village: Turks, Hungarians, Germans. We managed to get along.

Sorin's desire to become a teacher stemmed from the fact that many members of his family, spanning across four generations, had been either teachers or Orthodox priests. To this day, Sorin considers teaching to be one of the more noble vocations.

One day, someone from the newspaper where I was working approached me. They informed me that I had one year to become a communist. I knew it was time to leave. I was interested in going to Europe to teach French, but my diploma was not recognized there, so I applied to come to Canada. I had heard about Canada since I was 11 because I had relatives in Canada, who lived in Ontario.

When he first came to Canada, Sorin had no guarantees that he would be able to teach, but was prepared to wait.

Having learned two languages, French and Serbo-Croatian, I am aware of the difficulties my students face. I think that is a big asset I have. Also, as an immigrant, I have had to overcome similar problems that these children face in their new lives here. I think I understand them better than other teachers that have never had to endure the challenges of a 'new beginning' in a place where you know nobody, and do not have the security of loved ones around you.

❦

By having a glimpse into the teachers' lives we can begin to understand who these veteran teachers are. They bring with them many perspectives representing long-held beliefs about teachers' roles and practices, about classrooms and schools, and about students and learning. When examining the way in which they speak about their lives, families, and roles as educators, it is evident that they have developed multiple ways in which to view the world. For example: Diane, Nadine, Sorin, and Queenie are bicultural individuals. John, Nadine, and Queenie are Black, and along with Diane, come from poor and working class environments. Marie, Sarah, and Sorin are bilingual, and John and Pierre speak French and English reasonably well. In essence, each of these educators travels daily from one culture to another, and from one language to another, as they build bridges of understanding for their students in our diverse society.

You will see in the next chapters that the educator's personal and professional experiences have fuelled a strong sense of compassion, and an ability to accept the totality of their students' reality. My personal understanding of the complexity of working in a pluralistic environment is a result of my own lived experiences as a bicultural individual who was raised in the immigrant home, who speaks more than one language, and who has worked extensively with diversity. It was a privilege to work with these teachers, to watch them with their students, and to dialogue with them in their classrooms and in their homes as they provided enriching insights into their teaching. It is my hope that the narrative accounts that they share will illustrate the care and compassion they bring to their work each day.

Creating a New Learning Environment

In this chapter, the teachers provide insights into the awareness, attitudes, skills and values that are useful in contributing to dialogue across our differences. Their stories and practical reflections construct a portrait of the individual who attempts to live, work and teach in a pluralistic setting. By listening to the voices of these experienced practitioners, we are able to capture the details of their everyday practice.

Educators today face expectations in the classroom which differ immensely from those they have experienced in the past. Although traditional approaches to teaching are still useful, teachers in today's diverse classrooms must prepare to teach with a new set of skills, deeper knowledge and awareness, and with greater proficiency than was demanded in the past. Therefore, my objective is to enhance our understanding of the complexity of the 21st century classroom by listening to the teachers. Their stories illustrate that there is no 'right' way to teach a diverse group of learners. Each of the teachers has nonetheless found meaningful ways to link their experiences with the changing environment and their students' lived experiences.

And now I turn to the teachers for their practical and personal insights into the awareness, attitudes, skills, and values necessary to teach in a pluralistic classroom. If a goal for education in a multicultural, multiracial, multifaith global society is to help students and teachers acquire the knowledge, attitudes, and skills needed to participate in such a society, we need to first ensure that educators acquire the qualities and characteristics to teach their students to live together equitably and democratically. If teachers perceive themselves to be open-minded citizens and diversity educators, they will have the sensitivity, conviction, and courage to teach their students to do the same in a local context and in a global context.

Subject matter knowledge, as well as knowledge of the learners' abilities and needs, allows the teacher to select, plan and implement effective instruction. However, teaching in a pluralistic environment requires not only knowledge of the subject, but also a rethinking of what constitutes knowledge, which is culturally and historically influenced. Often, knowledge is presented as a body of unchanging facts that is rarely questioned. A closer look reveals that knowledge is changing and contextual. The present-day classroom focuses on using a comparative approach between ethnocultural groups. Studying ethnic groups in this manner can be quite onerous, since no individual can acquire knowledge and remain knowledgeable about all cultures, races and religions. Therefore, as a starting point, we first need to learn about our own culture and become comfortable with it, after which it becomes more manageable to acquire knowledge of various racial and cultural variables, and of how these variables influence the individual.

If possible, teachers should become more knowledgeable about ethnic group experiences, and what that means is that teachers need to acquire a knowledge base about the lifestyles of different groups, their cultural patterns, value systems, communication, learning styles, and historical experiences. In becoming diversity educators, we must have the courage to ask difficult questions, which sometimes may cause unease about our own racism and biases. However, it goes without saying that this knowledge does not exist in a vacuum and should be looked at in conjunction with the skills, attitudes, awareness, and values required for teaching in pluralistic environments. Knowledge of culturally and racially diverse learners, in and of itself, will not suffice. Teachers also need to develop the attitudes that demonstrate genuine concern for their students, and the skills to plan and implement instruction for their diverse classrooms.

In the pages that follow, you will gain an understanding into the practical insights of what it means to be an educator in the 21st century by identifying the awareness, attitudes, skills and values necessary to teach effectively in diverse environments. These insights serve as a guide.

Awareness

It is only when we are aware of who we are and what we believe in that we can take the first steps towards developing an awareness of difference. Awareness of 'other' is a primary objective of diversity education, but it is a difficult personal and professional journey. In general, it is relatively simple to gain knowledge of students and other cultures as I mention above, but it is considerably more difficult to *comprehend, appreciate* and *respect* the profound differences in cultural and racial perspectives. Hence, a first step in dealing with diversity in the classroom is to come to an acceptance of the reality and validity of difference. The teachers in this study recognize this awareness as being vital to effective teaching, but also suggest that cultivating an awareness of the holistic student and an awareness of the student's life beyond the classroom walls is essential.

༄

Cultivating an awareness of the holistic student

To be an effective teacher is to be aware of, and to cultivate an understanding of, the whole student. Learning to teach in a diverse society involves understanding the student's background, behaviours, and interactions with others. In order to gain a holistic awareness of students and their lived experiences, these teachers suggest the importance of observing students and encouraging them to talk about their lives. John watches his students carefully and if he detects a dramatic change in their behaviour, he can assume that something is out of the ordinary in their lives. He mentions the importance of developing trust with his students, and believes that it is an essential building block in fostering a sharing relationship with them.

Know when your students are bleeding inside. Watch your kids. If you have an exuberant student and then that same student becomes introverted, something's up. If your kids trust you, they'll tell you. A young girl was concerned about her friend that was in crisis and she came to me, not the principal. I couldn't deal with the problem today, but I know I'll try my best to resolve it.

Sarah uses journal writing to cultivate a greater awareness of her students and their lives. As a result, she was able to provide assistance to one of her students when that student's academic grades were affected as a result of the death of a family member.

It's impossible to know all your students when you teach in a secondary school. This year, I had 330 students. You can burn out if you're too idealistic and think that you'll get to know all your students. In the end, I suppose I get to know the ones I like and the ones I don't like.

In their writing, I find out about events in their lives, but more importantly, I find out how they feel. You can find out about the parents and the community through the kids. They might write about the parents. For example, I had this one student in my class, Marie-Hélène, who was very close to her grandfather. He died this year and it was very hard for her. She's a smart kid but she has some learning disabilities. Often she did not do her work, but in one of the assignments she wrote for me, she revealed that she had absolutely no respect for her parents. Her parents were stupid and they meant nothing to her. The moral authority figure in her life was her grandfather. Reading this was shocking to me. She had just lost the adult in her life that she respected the most, and she had no respect for her parents.

Something must have happened, because kids generally want to love their parents, even if the parent is a schmuck. Knowing this about her and her situation made me more sympathetic to her, even though I always liked her as a person anyway. In school, she usually functions at 50-55% at best, but during the mourning period, she let her marks drop even more. She wasn't trying anymore, and we knew the reason why, so we understood and tried to help.

When a little boy in Diane's school acted out, she found out why, informed the boy's teacher, and as a result, was more understanding towards the student.

Be aware of how your students are feeling. Some children will let you know and others won't. Some children will act out. You know that's an emotion that isn't being addressed. We had a little boy this morning whose teacher asked to have him taken out of her room because she could not deal with him. We found out later that his father had not come to pick him up at school the night before. He's expressing his emotions today. I knew he was disappointed and he took it out in class.

Pierre has developed his own criteria to assess his students' well-being: by looking at their clothes, their hygiene, or their lunch box.

I know two to three weeks into the month of September which kids need more help than others. I know this because they always wear the same clothes. They come to school not having washed up. They don't have a lunch box and they have nothing for snack time. Sometimes they come to school with the same sweater for several weeks at a time and the sweater has not been washed. Whether it's the summer or winter, these kids wear the same pair of running shoes.

I know that of the 18 students I have now, about eight or nine have not eaten when they come to school in the morning. After we have our snack in the morning, the kids work better. There's no doubt about that.

Queenie encourages her students to talk about their lives, but cautions that it is important to do so with sensitivity.

There's a teacher in this school that encourages the kids to talk with a lot of respect and feeling. There are many different cultures and you hear the young girls talk about their traditions and the place of women in those cultures. You hear about what they have to do when they go home, and their need to incorporate their parents' traditions when the girls are faced with a conflict. You need to do this at the elementary level. Doing it with a lot of sensitivity is very important.

In addition to observation, teachers can access insights into their students' lives via a journal; investigating the reason why a student's behaviour is a departure from the norm; and by taking note of changes in a student's appearance and physical stamina. When interacting with students, developing trust and proceeding with sensitivity are vital.

⁂

Cultivating an awareness beyond the classroom walls

It is important for teachers to understand what is going on in their schools, with the students, parents, and teachers, and have an understanding of the history and values of the community. Sorin, Queenie and Nadine provide examples to illustrate what it means to develop an awareness of the student's life beyond the classroom walls. Sorin understands the impact of being Croat or Serb, or of being for or against a political regime in another part of the world. For many of his students, these are the very reasons why they are in Canada.

I know what the difference is between supporting the Shah of Iran and being against his regime. I know what a Croat represents and what a Serb represents. You have to be open and break down some of the stereotypes you may have. These examples may seem insignificant to us but it's because of these reasons that these kids are in our classes.

Sorin demonstrates the importance of having a broader vision – one that extends beyond the classroom, throughout the school, and into the larger community. The curriculum should encompass everything that students experience under the umbrella of the school. For example, Queenie knows that there is an elderly gentleman across the street from the school who has a talent for telling stories and who happens to be the grandfather of some of her students. She would like her students to listen to this Cantonese storyteller tell his tales.

There's a gentleman who lives across the street from the school. He's a grandparent. I've always said that that gentleman knows when I'm here until 7:00 and when I'm here on the weekends. Sometimes I forget he's there, sort of watching over me, making sure everything is okay.

I often hear him talking to people in the streets and telling them great stories on the sidewalk. So one day I asked his grandchildren to speak to him and see if he would come to the school and talk to us. Even if he only speaks Cantonese, we could work something out with his grandchildren to help. I thought to myself it's another way of learning. It's a different approach. It's more interesting than me just doing the talking all the time.

He's a very shy man. I don't know if he'll ever come to our school to share his stories and knowledge with us, but he knows we're interested in what he has to say.

Direct connections between the daily lives of students outside the classroom and the content of instruction in the classroom can breathe life into the curriculum, and make it more relevant to the students. These connections also provide the teacher with the opportunity to learn about the cultural backgrounds and diversity of their students. Nadine believes that it is important to provide her students with the opportunity to see the Canadian countryside or have a picnic in the park because she is aware of the repetitive nature of her students' urban lives: bus, school, home, television.

I know that some of these kids come from rural areas and when they come to Canada they're all of a sudden in a big city. That's why I like to take the children outside of the city and show them the countryside. Many of them come from rural environments and I want them to connect with that here in Canada. The growing of food, all the kids seem to connect to that. When we go to the farm, some of the kids will say, 'in my country' and they relate it back and are fascinated to make that connection.

For some of these kids, their reality is the apartment, the school bus, the school, and back to the apartment again. It's not real, but it's their lives. Any experiences outside of this circle come from television. So even if we take a walk up to Mont Royal and have a picnic, they're getting a chance to feel it for themselves.

Cultivating an awareness 'beyond the classroom walls' for these teachers means: being aware of international events and political regimes that may cause these children and their families to seek refuge in Canada, knowing who in the community could be an enriching resource for the school, and making connections with the reality between the child's home life – what they are exposed to on a daily basis – and the ways in which the teacher creates the curriculum. These narratives illustrate the importance of cultivating an inclusive awareness of the whole student – an awareness of the student's life beyond the classroom walls – if the teachers would like to teach effectively in a pluralistic environment.

❦

Attitudes

Attitudes consist of what we think and feel, and entail a predisposition to action. In the following excerpts, you will come to understand the attitudes the teachers consider to be important when teaching in a culturally and racially diverse classroom. These attitudes include accepting that they can learn from their students, maintaining a positive perspective regardless of their daily challenges, and developing open-mindedness and flexibility in the face of diversity.

❦

Attitude: Learning from our students

Effective teachers in culturally and racially diverse classrooms make use of their students' everyday experiences by linking new concepts to prior knowledge. Teachers can accomplish this by finding examples, and by comparing, contrasting and bridging the gap between the student's personal knowledge and the materials and concepts. By building on students' knowledge, teachers are able to teach complex ideas and skills without worrying that they are teaching above the students' level. The example below illustrates how Marie bridges the gap between her students' first language and culture and their new life in Canada, by asking them to speak about their past experiences in their native country and their present lives in Montréal.

I often ask the students to speak about the countries they come from. I think it is important that there is a link between Canada and their country. It comes naturally for them to speak about their culture.

Effective teachers draw out students, prompting them to develop and share their interests and, by doing so, to reaffirm their contribution to the class. Queenie accepts that she is unable to know all aspects of every culture or every religion, and as a result, she turns to her students to learn from them. *"It's impossible to know everything. As a teacher, you have to be able to admit that and have a willingness to learn from your students."* John encourages his students to speak about particular aspects of their respective cultures and religions. What is essential is to do it without judging the students and the way in which they have chosen to live their lives. *"Ask your students about the* hijab *or the* shagor, *but not in a condescending way. Find out what they're about without passing judgment."*

More often than not, students are eager to share particular characteristics of their culture or religion with their teachers and peers. Diane describes an incident where a Greek student was incorrectly reprimanded because he did not know his birthday. If the teacher had simply asked her student why he didn't know his birthday, the incident could have been avoided.

Ask your students questions. Ask them in a nice way. There was a teacher in a school where I taught who kept a little Greek boy after school because he didn't know his birthday. Can you imagine? She made him write his birthday 100 times. I told her that in the Greek culture you do not celebrate your birthday, but rather your name day. She looked at me strangely. You can learn a lot from your kids if you just ask them. I've learned a lot from my Muslim students. Sometimes they bring in magazine articles for me to read. If you tell them you want to learn, they're happy to share.

As educators we need to accept that we cannot know everything. These teachers encourage us to turn to our students and ask questions about their home life or their native country, with the objective of making links with Canada. Diversity educators need to invite their students to guide them in their own learning about different cultures, religions and perspectives. It is a delicate tightrope walk, however, because students do not necessarily want to be singled out in this way. One needs to tread lightly and with flexibility. There are times when students feel ill at ease being the 'representatives' of their whole ethnic group, and would prefer to blend into mainstream society. This is the fundamental tension for students as they attempt to balance being 'Canadian' and being 'ethnic'.

❦

Maintaining a positive attitude

Effective teachers hold high expectations of success for their students, regardless of race, class, gender or religion. It is a given that teacher attitudes can influence student achievement, and that students learn more effectively if a teacher identifies and builds on their strengths. Whenever possible, teachers need to convey their positive expectations to their students, especially to those students who have experienced academic failure or disappointment. Somehow, students are adept at sensing a teacher's expectations.

Although John's student submitted a report that perhaps did not deserve such a high grade, John nonetheless recognized the importance of maintaining a positive attitude about the student's motivation, since this was the first report the student had submitted. By giving his student 80%, John is rewarding his student's honest effort.

Maintain a positive attitude. If your student got only 60% or 62% the last time and you work with the kid, the next time they'll get 70%. There is a student in my class [who] is learning disabled. He handed in a project on time. It was about six to seven pages long, typed, researched. Yes, there were spelling mistakes, but overall it was good. I gave him 80%. A teacher asked me why I gave him 80%. "Because the next time I'll give him 90%" was my response. Guess what happened today? He asked me if he could rework his project for a higher mark. He's going to try it again. I know he'll do it. This is the first time he has ever handed in something at school.

The example below illustrates how Nadine supports one of her student's dreams at the expense of being ridiculed in the staff room. She believes in her student and offers support by listening to his speech at lunchtime.

It was near the end of the school year, and the senior kids in our [elementary] school prepare speeches. The children can choose the topic of their speech. They often choose "What I want to be when I grow up." This one little boy shared with us that he wanted to be a doctor, well actually a gynaecologist, because he wanted to bring new life into this world. It was a simple speech, but it was his. His parents didn't write it for him.

This little boy was in special ed. He has emotional problems. He is often very distracted, but he was coming along and I knew him from music class. One day he asked me if I could listen to his speech. I listened to it and found it touching. This little boy was able to dream. It means to me that he hadn't given up. So many kids give up and this speech was a positive sign.

The day of the speeches in the auditorium I couldn't go because I was teaching my kindergartens, but at lunchtime I certainly heard about the speech. One of the teachers who had heard this boy was laughing so hard that she couldn't talk. She kept saying, "Can you imagine – him – a gynaecologist? Can you imagine – that's what he wants to do? I haven't laughed so hard in so long. That kid a doctor." And on she went. None of the teachers really said anything. I finally spoke up. I was hurt. I responded, "If people didn't dream, they wouldn't achieve anything." Well, she didn't stop talking. When I think of teachers like her, it makes me panic to send our children to school.

You see, as educators we're showing students the path to their future. That's one of our roles. We also need to teach them about the present. There is never any criterion to judge. He was showing so many good signs of improving.

Believe in your kids. If your kids have a dream, help them catch it. If you destroy anyone's dream, you create a nightmare.

Both John and Nadine's colleagues saw an insurmountable gap between these special education students' abilities, and receiving 80% or becoming a gynaecologist. Learning and working towards academic success is a process. John and Nadine recognize that and wanted to provide genuine support to their students in that unpredictable process. Nadine's eloquence needs to be reiterated when she explains that if educators are not able to develop a positive attitude towards their students' interests, motivations and dreams, then they may be on their way to *creating nightmares!*

⁂

Attitude: Staying open-minded

Learning and teaching in a pluralistic environment requires a new mindset, one which is open to the paradoxes and uncertainty it confronts. Educators in diverse classrooms need to be prepared to consider views and issues with a critical mind. They need to explore the relationship between fact and opinion before making judgements, and be prepared to compromise and change their minds. There is more than one way in which to interpret the world. Nadine states that if educators enter teaching with an open mind, they will not need to be taught how to keep their hearts open either. *"If you come with an open mind, you won't have to be taught how to keep your eyes and mind open to new things."* Furthermore, Sorin explains how, by inviting a rabbi to speak to his class, he demonstrated open-mindedness, and as such felt that he could make a similar request of his students when they visited a Catholic church, and later in the year did Easter activities.

When you work with these kids you have to be open-minded. Earlier in the year, I had asked a rabbi to come speak to our class. Later in the year, I took them to Old Montréal and we visited Notre Dame Cathedral and Bon Secours Church. One of my students from Romania said she could not enter the church because it was not her religion. I reminded her that in class earlier in the semester I had invited a rabbi to speak to us.

When her mother found out that her daughter had not entered the church she came to school to speak to me. She presented her apologies and told me that her daughter would accompany the class and go into the church the next time. I insisted it was not necessary, but the mother replied that since I had invited a rabbi to class to speak about Judaism and explain some of their prayers to the class, her daughter could go to the church and expand her understanding of religion and what it represents to other people.

Later that same year at Easter, we were painting Easter eggs. The same little girl said she didn't want to paint eggs because she is Jewish. I didn't insist and told her it was fine. She could read or do something else. I don't know what happened that day, but the mother came by to drop something off for her daughter and she noticed that her daughter was reading and not participating in the same activity as the rest of the class. I told the mother that her daughter preferred not to participate, and in any event the art activity was not obligatory. The mother spoke to her daughter in Hebrew and then the girl came to me and asked if she could join the rest of the class, and again it was because I had invited the rabbi to my class earlier in the year. My theory is if you give, you receive in return.

Over the years, Pierre has learned the importance of 'mindfulness', and as a result when a parent's reaction is abrupt, he accepts the explanation that was given to him without judgment.

It's important to be open to everything, different cultures, different customs. Last year, some parents from Iran had come to see me for teacher's night. At the end of the evening, I shook the father's hand and then went to shake the mother's hand. She stepped back and gasped as I moved towards her to shake her hand. I was embarrassed at first. I wasn't sure what had happened. Her husband quickly began to explain that in their country, women were not allowed to have any contact with any man whatsoever, other than their husbands. She wears the veil and does not leave the house for any reason unless she is with her husband or to take her children to school.

When she reacted that way, I was surprised. I took a step back myself, but I remained calm. I understood the situation and it helped that the father explained why she reacted that way.

Sorin modelled for his students what it means to be open-minded by introducing them to a number of diverse religious customs, whereas Pierre's open-mindedness enabled the father to provide an explanation to Pierre about his wife's reaction. All human beings are different from one another in various ways, so in situations such as those cited here, difference should not be characterized as deviant because it does not correspond to a traditional norm.

The teachers illustrated the importance of developing and maintaining a particular set of attitudes when working in a pluralistic classroom, such as accepting that we can learn from our students, just as much as they can learn from us; maintaining a positive perspective in the face of the challenges and uncertainty inherent in teaching culturally and racially diverse students; and finally, developing open-mindedness towards compromise, change and diversity.

Skills

There are certain skills which are known to be critical in determining a teacher's effectiveness: establishing a context for the lesson and instruction, using variety in approaches, activities, and assignments; optimizing instructional time by having students engaged in academic tasks; encouraging critical thinking; providing clear instruction, monitoring student progress, and providing feedback and reinforcement. Educators in pluralistic environments should develop cross-cultural interaction skills and instructional techniques that are effective in diverse classroom settings. Diane writes:

Being an educator today is very difficult. There are skills that teachers need that perhaps when I began teaching weren't necessary. We came to school and taught. All we needed to know was the subject and how to teach it and that was it. Today you need a different set of skills.

With the school climate in Canada becoming increasingly complex, it no longer suffices for teachers to simply teach the curriculum. According to Diane, educators are required to develop a more demanding set of skills in order to reach their diverse student population and to teach effectively. In my discussions with the veteran educators, they are conscious of the increasing demands placed on the profession.

Skill: Listening

In a pluralistic learning environment, teachers need to listen and incorporate the student's voice, and by doing so they will gain insight into their student's prior knowledge, culture and perspective. Listening must be developed not only for learning, but also for considering and responding to the points of view of others. An effective way in which to dialogue across our differences is to demonstrate self-restraint, so that others may have a turn to speak.

Nadine elaborates on this issue as she reminds us of the power of stereotypes in formulating assumptions about students' racial, cultural, or linguistic background, and urges us instead to listen to our students, because we may learn more simply by hearing what they have to say.

It is good to know about the children's home life. I think that is true and I know all of that, but if we listen to the children sometimes we learn more. Sometimes if you go into a home you might stereotype the child, or put the child in a category that may be negative or positive. Whereas I think what we need to be doing is listening to the child. It's good to know about certain needs that we have to identify, but sometimes having certain facts about the child will not help us know. As a matter of fact, it may block us from getting information that we would have otherwise gotten through listening.

Listen to the children. You may learn more. Listen and observe what the child is experiencing. If we know certain facts about the child and their background it may be detrimental, and sometimes it may be helpful when the child comes in angry. Ask him to talk about it. Try to use the knowledge you have about the child to help you communicate and interact with the child.

I have often heard teachers say, "So, what do you expect? You know where he's from." You'll hear that sometimes. What can you do? But, perhaps this poor child has been trying to say something for days and we haven't heard it because we don't expect to hear it. We hear only what we expect to hear, because of their family or the culture they come from.

A trusting relationship with students is possible if teachers work at maintaining communication with them. In the example that follows, Sarah demonstrates the importance of listening to students.

If I listen without being open-minded, I'm not going to be affected by what the kids are saying, emotionally affected that is. There won't be a response. In that case, I'm hearing, but not listening.

If you're listening with an open mind, you're going to respond to what the kids are saying. You may have to attend to your teaching, but afterwards, when you have a minute, you're going to try and speak to them, one on one, and listen to what they are really trying to tell you.

Queenie maintains that listening to parents requires a strong focus and highly developed active listening skills in order to fully comprehend the message they are attempting to convey. If, for instance, parents or students have an accent when they speak French or English, then we need to be more attentive listeners.

You have to be able to listen and listen well. For example, there are parents in my school that when they speak, it's different and you have to listen carefully. If the parent has a heavy accent, I can't get upset and leave because I can't understand them. I have to stop, look at the person and really listen to what they are trying to tell me. Now, remember, that person doesn't always hear you and what you're trying to say. We often forget that we talk too fast and they don't always understand what we're saying either.

Nadine and Sarah suggest the importance of listening to students before making false assumptions about their lives, and listening with an open mind. Queenie indicates the importance of listening to parents with attention and care, notably if their first language is neither French nor English. The participants' observations and comments remind us that those in power must take greater responsibility for initiating the listening process. When we listen to students and parents with an open heart and mind, oftentimes a rewarding dialogue can unfold.

∽

Skill: Conflict-resolution

Teachers need to mediate conflict, make suggestions and give guidance to empower students to analyze and resolve conflict. Conflict-resolution skills have become increasingly valuable to teachers as a full spectrum of cultures and world views becomes prevalent in the classroom. One way in which to lessen the impact of difference in the classroom is for teachers to learn mediation skills. In a later chapter, I outline how teachers negotiate and transcend difference, and I provide detailed examples of how teachers attempt to resolve conflict in a constructive manner. Nevertheless, I felt it necessary to highlight that the teachers had identified conflict-resolution skills as being essential for mediating difference in the classroom and school.

∽

Skill: Collaboration

Working in a collaborative manner with students, parents and colleagues, and fostering cooperation among multiple stakeholders in the school community is becoming increasingly important when teaching in a diverse environment. The role of the family, teacher, community and school is to provide environments for success, where each can work in complementary ways to motivate students to succeed. Queenie articulates the importance of working together to create environments for academic success, despite the irreconcilable differences the stakeholders may have.

Teamwork is important. Since I've been here, it's been difficult because everyone has individual goals and needs, and sometimes it is hard to think about the common good of all in the school. We need to share and cooperate.

Collaborative efforts contribute to overall intergroup relations, and to improving relations in pluralistic schools. Diane believes that it is not only students who should be taught cooperative learning skills – teachers could also stand to gain. In inclusive schools, where members of the teaching staff and various brokers communicate on a regular basis, dialogue is built into the regular school schedule in order to develop common ways to solve problems.

With fewer and fewer resources, materials and personnel, you have to work together with the other teachers in the school. We often talk about cooperative learning for kids; well, how about cooperative learning for teachers and parents?

Cultural and class perspectives impact the way in which parents view their participation in their children's education. For many parents, if their child is well behaved and doing fine at school, they believe that they have no reason to visit. Simply put: no news is good news; school is the teacher's responsibility. When teachers attempt to communicate and establish collaborative relationships with parents and students, they need to modify goals, expectations and strategies, since pertinent differences frequently exist between the culture of the school and the culture and language of the home. In the example that follows, Sorin demonstrates how his belief of collaborative parental involvement posed problems for him and his student.

Try to have as much contact as possible with the family. Help them understand the system that is in place. Help them understand their child's development at school, and how they can help their child at home, even if they don't speak French.

Each night, I give my students a 10-15 minute dictation to complete. I ask the parents to be with the students when they do the reading and dictation, even if they do not understand what the children are saying. I show them the book the first night they come to class to meet me so they know the book and recognize it. Even if the parents don't understand French, they are participating in their children's education.

One time I asked a parent from Haiti to help his daughter, to spend time with her at night reading when she read. I soon started realizing that the girl was becoming increasingly withdrawn, and I even noticed marks on her. I was alarmed and mentioned it to the social worker. Well, we found out that the girl was being beaten at home. I was told the social worker would deal with it and I stayed out of it, but I kept an eye on her and tried to help her when I could.

One day this girl's father came to my class wanting to speak to his daughter. He didn't knock, so I asked him to leave my classroom and knock at the door, since after all that is what we do here in Canada. I knew I was reacting this way because of what he was doing to his daughter. He left my classroom, closed the door and then proceeded to knock on the door and waited for permission to come in. I let him speak to her, of course, and then I began speaking to him. Somehow we got around to speaking about discipline, and he said that his parents always used to hit him if he misbehaved. I assured him that his daughter was not misbehaving. He responded, "But she is not doing her work in this class." I reassured him that she was doing her work, but needed to practice her dictation at home, like the rest of the students. He said how could she be doing her work if I asked him to read with her at night.

You see, he simply could not understand why I had asked him to read with her at night. He interpreted this as her not doing her work and was punishing her under the understanding that she was misbehaving. It wasn't the fact that she had to do homework, but the fact that he was asked to supervise. I ask the parents to be a part of their children's education, and this is what happened.

Now, I call the parents often. I ask them to come in when I have coffee breaks. I invite them to join us in our classroom. I am very careful when I explain things to them. I want them to understand what I'm doing and why.

Sorin always recognized the importance of maintaining contact with his students' parents, and that conviction was further strengthened when he was confronted with the dilemma cited here. Indeed, Sorin's conception of the role of a parent in their child's education was at odds with the viewpoint of the Haitian father. Establishing collaborative relationships between parents, teachers and students will likely be more difficult when the home culture has a different conception of collaboration.

꧁

Skill: Patience

Patience needs to be in place in order for dialogue across difference to thrive. To truly achieve dialogue, we need to stand back and re-examine our presuppositions and compare them to those which are different. In the example below, Pierre demonstrates how he has set up support systems for his students who are encountering difficulties with their homework. Although he has taken measures to address the immediate problem with his students, he nevertheless knows that patience is required before he sees noticeable results.

You have to have a lot of patience. That's part of being a teacher. What I mean by patience is, when you see that a student is progressing slowly, you look at the whole situation. For example, I have eight or nine students – almost half the class – whose homework is not showing much improvement, even after two months of school. I also know that their parents cannot help them with their homework because they don't speak French. So after school, we have a study class and I was able to make arrangements to have six of my students attend. They work after school with regular students and a teacher. With that hour they get each day, I usually see some progress, but it's slow.

Diane affirms that education requires patience. Many of the students in her inner city school have a variety of problems, and unless the problems are addressed, she maintains that teaching and learning will simply not occur.

You must be understanding and patient. Education is a profession where that is absolutely necessary. I find a lot of teachers are not very patient and that is worrisome. They expect kids to know and do everything. Kids have so many problems that need to be addressed that if you're not patient, you won't be effective.

Sorin demonstrates patience when it comes to his students learning to adapt to a new country, a new language, and a different way of living. As a result, this reality impacts the students' learning as they integrate the changes into their lives.

You have to be patient. You need to repeat everything two or three times because many of these students are learning a new language, a new way of doing things. Slowly they will begin to experience success in the classroom, and that will give them the motivation to continue to work hard.

An effective diversity educator must recognize the reality of their students' circumstances and develop patience accordingly, so as to allow their students the necessary time to learn and grow. These teachers have identified certain skills which they deem effective in enhancing the teaching and learning relationship in classrooms: listening with open hearts and minds, resolving conflict through mediation, working collaboratively with various stakeholders, and developing a wealth of patience to ensure that each student is given an opportunity to do his or her best.

Values

Values are abstract ideas which represent a person's beliefs and modes of conduct. Universal values such as fairness, equality, and justice are learned from concrete situations in our lives. Learning and teaching in a changing world requires an understanding of the ideals and values that guide our work. While responsibility and respect for others are the cornerstones of many school programs, other values are also important for developing a society in which citizens can maximize their potential and fulfill their commitments. The experienced practitioners have identified honesty, dignity, equality, and self-respect as fundamental values to develop.

Value: Honesty

John learned at an early age that it is certainly not worth trying to bluff a child, because nothing good will come of it. If teachers demonstrate honesty towards their students, that is what they should expect in return. *"My father always used to say that there are two things you can't fool – a drunk and a kid. If you're honest, your students will be honest."* Queenie values honesty and as a result, she would like to instil that value in her school culture and in her students. There is no more effective way of infusing such a value than by modelling it to the students on a consistent basis. Furthermore, she maintains that if she insists on her students being honest, then she is developing their sense of self-discipline and responsibility.

You have to be honest with these kids. This morning two children came in through the front door of the school, but only one child, the sister, came to the front office, with her report card full of 'lates' in her hand. The boy walked past the office because his teacher doesn't mark his lates. But the sister's teacher catches her. Her teacher is pushing for punctuality so she has all her lates marked up.

I was working at the computer in my office and when she came to the office I asked who was the other person who came in with her. She said it's her brother, so I asked someone to go get her brother in class. When he came to the office, I said to him, "I believe in honesty. There is a rule in this school that when you are late, you come to the office. Your sister told me that your report card shows no lates, and you both come together. Do you have any lates?" He responded that his teacher doesn't mark his lates.

I then asked him, "Have you been coming for your late slip?" He responded no. I told him that that doesn't seem to be honest and I asked him how would I trust him if there were a problem in the future with someone else. If he came to me with his story, how would I be able to trust him? "Do you want me to trust you? Well, you need to come to the office when you're late. I think that's a good beginning."

This hit a chord with him because he realizes that he may need to come to me in the future. I have said that to other kids. "Maybe I shouldn't ask for your story because I'm not sure if you're going to tell me the truth." After that, I find they invariably come clean. I have always told them, you come clean first and you will get a good deal with me.

I want them to develop a sense of self-discipline and responsibility. I look for kids to say, "I did this, I did that." It always works. I praise the child for being honest. It doesn't mean that that child gets off scot-free, but I usually get the story clean as a whistle. It takes time doing it this way. I was criticized at my last school because I would spend hours with the kids.

In dealing with her student Robert, Diane also recognizes the significance of being honest and believes in building trusting relationships with students.

Kids will trust you when they think you are to be trusted. You can't say one thing and then mean another, or have rules for the teachers and rules for the kids. You have to be honest with them and not hide anything.

A few weeks ago, we got three new kids from a school nearby. One of the boys, Robert, is repeating a grade. This little boy has a lot of emotional problems and some learning disabilities. A couple of days after the boys' arrival, I saw Robert in the hallway. I said hello but had forgotten his name. I could tell he didn't seem happy that I had forgotten his name, so I asked him to remind me. He told me, but as he was turning away from me I could see that he had begun to cry. I told him straight away that I had forgotten his name and I apologized. I asked him to give our school a chance, even though he was new, and to trust me that I would be there to help him out.

The next day I was outside in yard duty and I noticed that Robert was playing with another little boy. I went up to him and said, "Hi, I see that you found a friend." He said yes and seemed happy that I had noticed him in the yard. Later in the week, the grade four boys were playing dodge-ball at recess, but Robert was alone and wasn't playing with anyone. I went up to him and asked him to follow me. I brought him over to the boys playing dodge-ball and asked if Robert could join them. They said, "Sure, no problem. He can play with us." You have to think about the children's feelings and follow up on what you say you're going to do. If you're honest with them, they'll trust you.

It is evident that both Queenie and Diane hold honesty in high regard, and display their commitment to this value in their interactions with their students. Expressing ourselves honestly and sincerely is the cornerstone of dialoguing across our differences.

∽

Value: Dignity

Diversity teaching honours the students' sense of humanity and dignity, in that their complete personhood is taken into consideration at all times. As a result, the individual's worthiness is acknowledged in a very basic way. When educators have a sense of their own worth as individuals, they will also have a sense of their students' worth. Marie goes so far as to say that if teachers cannot respect the dignity of their students, they should not consider teaching. For example, when one of her students is ridiculed by her classmates because of the food she eats, Marie intervenes and speaks to the class because she believes that this kind of ridicule is an attack on the child's economic condition, and thus on her dignity.

If you do not have respect for children and preserve their dignity, then it's not even worth considering teaching.

Do not humiliate the students. Of course you get upset with them, but don't embarrass them. I remember once that one of my students came to me crying because her classmates made fun of her because she ate the same thing every day. For me that is a question of dignity because it is tied to poverty. I spoke to the class because I do not tolerate that kind of behaviour.

Sarah explains that she would like to live in a society where people take responsibility for their own actions and demonstrate respect for others. Whenever possible, she encourages her students to treat themselves and each other with dignity and respect, to show value for the integrity of the individual.

I value justice and I won't let my students talk to me in a way that I would not talk to them. I will not accept racist or sexist comments. That is unacceptable. They need to treat others with dignity and respect. I will not accept it when a student speaks in a disrespectful way, or when a student acts in a disrespectful way in my class. They're trying to demean my value or the value of other people in the class.

I want to live in a society where people are responsible for themselves, for their thinking, for their actions and for one another. That's an essential condition for personal development and growth and respect for one another. All this has to do with human justice. I tell the kids that they have to take responsibility for their own actions. Sometimes they need to demand that others respect their dignity and tell them: "This is my life; this is my body; this is who I am as a person."

༄

Value: Equality

Multicultural, multiracial, multifaith societies need to be built on the principle of equal respect. When we begin to work and live with diversity, there needs to be a presumption of equal worth. If teachers want to provide equal opportunities for learning, their expectations for student success must be equitable. If diversity is to be taken seriously in Canada, then the principle of equal respect for all citizens also needs to be fortified. I believe that our struggle as a nation will continue as we search for ways to demonstrate respect and integrate it into our daily lives. Regrettably, each new wave of immigrants to Canada will need to fight for their right to equal respect. One of the dilemmas of building a nation whose past and future is closely linked with immigration is to reinforce why the newcomers should be entitled to such respect.

Educational excellence cannot be achieved without educational equity, which means that equal opportunities must be provided for all students in order for each student to develop to his or her fullest potential. Nadine acknowledges that her students' needs are different, according to their individual circumstances. *"In order to be equal, you have to have different rules because the needs of the children are different."* Marie maintains that for her students to be treated equitably and for the teachers to provide an education that is equitable, teachers must treat each student according to their individual needs.

I feel these kids are my kids. I try to be fair and not favour one over the other, but I can't treat all my students the same because I know who can do their homework and who can't and what their reasons are. You have to be flexible and understanding.

Learning to affirm differences, rather than denying them, promotes equality between students belonging to diverse racial, cultural, and linguistic groups. Sarah attempts to explain to her students what it means to treat people equitably with regards to human dignity and value. When she feels that her students are not respecting such principles, she openly addresses the situation in class with them.

Human beings are equal in terms of fundamental human dignity and value. When I talk about this with the kids they say, "Come on Madame, don't tell me that I'm equal to this big guy in Secondary 5. I'm in Secondary 1 and I'm just a little nobody. They can push me around. Don't tell me that we're equal, Madame." Well, I'm not saying that you're the same, but what I am telling you is that you have the same rights, the same value, the same dignity. When I don't see this being expressed in my class, I intervene.

In the end, if we maintain that accepting difference in our schools is a priority, we need to make provisions for our students' realities. Diversity education should be concerned with equity and social justice for all people. The educators demonstrated the ways in which they altered their curriculum, homework, and classroom discussion in order to address, to the best of their ability, issues of equality for their students.

❦

Value: Self-respect

Teachers, in demonstrating that they value their students' contribution in class, will greatly enhance their students' learning. When students receive encouragement and guidance from the teacher, they develop a positive sense of self, or alternatively, they become disengaged. Teachers can foster a sense of personal and cultural identity and promote students' confidence in their ability to learn and to achieve academic success. Nadine is fully aware of the different expectations that people have of others, based on their class, gender, race, culture or language. To combat these inequities, Nadine reminds her students that they need to develop a strong sense of self, and that one way to do that is to achieve success by acquiring an education.

We talk about the importance of being confident and having a strong sense of self because I know that if a White, Black and Asian person walks into a room, people will have a different expectation of each of them. The person cannot do anything about these people's expectations; they can only be themselves. They have all the power to try and get past whatever barriers that exist. I impress upon the children that you can increase your choices and chances by getting an education, because education can be like an equalizer. I look at my children and I believe that they all have the potential to excel.

I see it in my five-year-olds at school. They all want to be first. If you say 'line up' they all line up and they all want to be first. They want to lead. What happens when they are nine or ten years old? They know they have something to achieve or something to work towards. My kids are very aware of success and how important it is for them to achieve it in their lives.

Sorin understands that asking his students to speak about their own countries enhances the students' sense of self. *"In class, I try to encourage the students to value what they bring to Canada as immigrants. I explain that each group of immigrants has made a contribution to Canada."* In the example that follows, Sarah encourages her Muslim student Laila to continue to attend school and obtain an education because she believes it is a way of respecting oneself and fulfilling one's wishes and dreams.

I have a student who is Muslim. Islam is the religion I know the least about. It bothers me that Laila wears the veil if she feels that she has to. If she truly wants to, that's another story. The veil and loose clothing can be a safe haven from men who feel they have the right to comment on a woman's body and how a woman looks. If you wear the veil to respect the will of God, then I think that's fine, but the reality is that many of these women wear the veil because their fathers, husbands or brothers require it of them.

One day, when we were having a discussion about righteousness and freedom, Laila said to me, "Madame, what is the use of me going to school and getting an education when all I am going to do is get married when I finish Secondary 5, and I will never be able to work. I will always be 'the mother of' or 'the wife of' someone, so what is the point?" I responded, "Education helps you build on who you are as a person. It doesn't matter what you do in your life, it's important to be educated. As a mother educating your children, it's important to be educated. You will be a model for them. You're going to pass onto your children what it is they need to know. How do you know that your husband will not leave you at 40 with two kids? Don't you think you need an education? Don't you think you have the right to an education? You never know what is going to happen in life."

I know the Muslim boys in the class don't always like when I talk this way, but I tell the girls they have to go to school for themselves.

In sum, the reality of the diverse classroom requires teachers to endorse certain values: to uphold honesty, to acknowledge each student's dignity, to support the principle of equal respect, and to promote an authentic sense of self-respect in each student. The teacher's values and behaviours influence the views, conceptions and behaviours of students.

Becoming a diversity educator is a journey. The teachers' reflections presented in this chapter serve as a starting point for further discussion around what it means to integrate a pluralist philosophy into our lives, and what it means to prepare our students for a democratic, just society. As our teaching and learning environments in the classroom become more demanding, teachers will need to acquire a foundational awareness of the holistic student and of their world beyond the classroom walls, and develop the attitude that they can learn from their students. They will also see the importance of maintaining a positive and open-minded perspective in the face of diversity. In order to build a teaching repertoire to address diversity in the classroom, teachers need to develop skills in listening, conflict-resolution, patience, and collaboration; and demonstrate the values of honesty, dignity, equality, and self-respect. From the vignettes we have read, it is evident that the practitioners possess a wealth of relevant, experiential knowledge. Their approaches are relational and all-encompassing.

Learning to interact with students in the 21st century classroom is a challenging and uncertain process, one that requires teachers to embark on a journey of personal and professional reconceptualization of who they are, and why they are teaching. Teaching in comprehensively diverse ways is too often relegated to a secondary position, because content is easier to handle and we believe it has speedier results, whereas the approach these teachers have taken is more complex.

As Queenie mentioned, *"It takes time doing it this way. I was criticized at my last school because I would spend hours with the kids."* It takes time because it is a non-linear process that emphasizes the relationships between people. If a teacher chooses to be a diversity educator and engage in such a philosophy, it will inevitably require more time and perseverance than just simply introducing a curriculum. It is obvious that the challenges and uncertainties are many, but so are the rewards.

As the teachers draw on a range of resources, intelligence, and experiences they demonstrate reflection and critical analysis with sensitivity and understanding. The primary purpose of this chapter was to listen to the voices of experienced practitioners and create an understanding of the individual who attempts to dialogue across our differences. Clearly, the richness of the teachers' reflections in providing an understanding of the awareness, attitudes, skills and values shared in the form of these thought-provoking stories adds a layer of meaning to teaching and learning in the 21st century.

The Diverse Classroom

THE EDUCATORS IN THIS chapter provide their personal and professional insights into the ways in which they transcend differences in their schools and classrooms. Here we turn once again to the educators who illustrate how diversity is affirmed and becomes a new form of understanding. The focus is on their practical experience and their application of new ideas and approaches. What follows is an overview of the way in which the practitioners will explain the diversity they witness in their classrooms every day. It goes without saying that there is not one solution to the complex problems which these educators face in their teaching environments. The approaches outlined in this chapter form a unique and complex *blend* of *multiple strategies* and *transformative practices*. Although there is a strong correlation between each approach, for the purpose of gaining practical insights, the approaches will be discussed separately.

- find common ground
- becoming intercultural brokers
- develop empathy
- search for information that is inconsistent with stereotypes
- encourage students to think about their actions in a personal way and at a global level
- resolve conflict in a constructive way
- resist the temptation to stay the same
- treat students as equal but not the same
- bridge the gap between the old world and the new: acting as brokers of information in Canada
- remove obstacles that prevent students from performing at their best

If the purpose of education is to prepare students for critical participation in a pluralistic society, the approaches that educators use need to echo such a vision. The vignettes that follow provide insights into how the teachers, along with students, parents, colleagues, and the community, attempt to understand difference and move beyond it. When people from diverse cultures, religions and races come together to work, problem-solve, and learn, it is almost as if new ideas and vocabularies develop, and eventually comparisons are made between one culture, religion, race and another, and before long, a fusion of values, perspectives and approaches unfolds. Collaborative interaction and critical inquiry fuel new forms of understanding. A learning environment is created where a range of possibilities are considered. In this chapter, the practitioners will shed light on just that.

The following pages offer the teachers' insights, in the form of stories, into how they address issues of difference in their classrooms each day. Stories have the ability to open our minds and hearts to learning. The teachers negotiate a *third space of understanding and acceptance* with their students, and what that means is that their collaborative interactions move beyond limitations and towards a fusion of cultures and perspectives, so that eventually difference can be transcended.

∽

Find common ground

Rather than frame the argument for difference or against common good, it is crucial that we develop a position where the interrelationship between different cultures, religions and races creates opportunities for negotiation and dialogue. John and Diane demonstrate how both difference and sameness are in constant interaction with one another. In the example below, John discusses the sensitivity needed to approach the issues of anti-Semitism and discrimination. He certainly understands the many faces of oppression – of Jews, Blacks, women – so when the rabbi spoke about Jews, John spoke about his skin colour and growing up Black in Canada.

A few years ago, discrimination came up as an issue in one of my classes. So, we began discussing discrimination and anti-Semitism. I thought to myself, I could talk about discrimination against Jewish people. It's easy. I can talk about what I've read and the movies I've seen, but I thought no, that's not enough. So I spoke to a teacher whose parents are Holocaust survivors. I went to her because she thinks like me and teaches like me. I knew she would understand what I wanted to do. We talked about it and she suggested I contact a rabbi she knows. In the first class, he spoke about the Holocaust and then he came back and showed Schindler's List *and he had an honest discussion with the kids.*

The rabbi and I tried to illustrate to the students that people will always discriminate against those who are different, whether it be religious, sexual preference, whatever. We pointed out that a Hasidic Jew looks different, like I look different because of the colour of my skin, and so it is much easier for people to discriminate when the difference is obvious like that. We also talked about other nations or people that have undergone prejudice, like the Irish, Ukrainians, Turks, Mexicans and so on. I try to make the links for these kids.

In the account that follows, Diane makes a sustained effort to understand her student's behaviour towards Muslim girls. In the end, each one of us expresses our religious convictions and demonstrates our beliefs in our own way. Some are dictated by ritual, others by the words of God, in the form of sacred texts. By focusing on the little boy's disruptive behaviour, Diane tries to engage the students in dialogue by highlighting how they each demonstrate reverence towards their respective God.

There is a lot of controversy around the hijab *– that women should have to cover their heads. Well, it's none of my business, but if a child is going to make fun of that, I'm going to make sure that child understands what they're doing. Three years ago, I had a Jewish boy, who was having emotional problems and difficulties integrating in the school. During recess he would run around and rip the* hijab *off the girls' shaved heads and make fun of them. When I found out about this, I asked the girls and the boy to come to my office.*

I first turned to the boy and asked him if he knew about the girls' religion and why they wore the hijab *and what it represented in their religion. He didn't. I asked him if he wanted to know and he did, so I let the girls explain to him what the* hijab *meant and why they wore it. Then I asked the boy what he wore when he went to the synagogue. He explained the symbolism of the* kipa *to the girls who didn't know about his religion.*

I believe that by proceeding this way, I was respecting both religions, instead of running him down. I wanted it to be an exchange so he wouldn't leave here just thinking about the trouble he got into and still not understanding anything about Muslims. I think they left the office feeling good about it all.

John shares an incident in which some of his Black students are eager to begin exploring the sex shops on Rue Ste. Catherine. When speaking to his students, he extends his argument about oppression against Blacks to the treatment women have endured at the hands of men.

The other day one of my students was talking about porn shops and movies and the like, and I heard him say, "Wow, I can't wait until I can go to those sex shops." When I heard him say this I turned to the boy, who is Black, and said, "For 400 years they exploited you and made money from the backs of your labour because you're Black. What do you think is happening to these women? By going to these places, you're supporting what is also exploitation. Most women are also slaves and are being exploited in this kind of work."

I wanted to draw on the analogy of slavery and exploitation of Blacks and show him that exploitation manifests itself in many different forms. I talked about dignity and self-worth, and pointed out the parallel between the two. Sometimes the light doesn't always go on, but hopefully somewhere along the way, it sinks in.

Teachers don't always see their successes. Sometimes those successes are long-term. I got a call from a student yesterday who has decided to go back to school. She called for a reference letter. That's what I mean.

John and Diane, in each incident with their students, were the architects who built bridges by identifying commonalities between cultures. These powerful stories demonstrate how unity was found in difference, and how the teachers guided their students in their thinking. John and Diane examined the larger canvas of life experiences to guide their students in developing an awareness of the similarities in the human condition, in spite of the apparent differences.

※

Becoming intercultural brokers

Intercultural brokers can assist students to acculturate to an unfamiliar school environment, because they see themselves as members of several communities, such as the school and their cultural, linguistic and racial group. In the excerpts that follow, Diane and Sarah illustrate how a daycare worker and teacher in their respective schools take on the role of intercultural brokers and provide their fellow teachers with a window into different cultures and religions and other ways of living, a perspective that Diane and Sarah might not have otherwise received.

In the first example, Diane describes the importance of the 'insider' status of Donna, the Chinese daycare worker at her school. Intercultural brokers are oftentimes bicultural individuals who are knowledgeable about the school culture and representative of their heritage culture as well. Quite often they belong to the same ethnic group as many students at the school, and as a result, can help bridge the gap between the school and the students' first language and culture.

I have a daycare worker in the school. Her name is Donna Chow. She is a great liaison for the Chinese community. She has a good sense of what is happening. Outside school, she helps many Chinese with the language, or helps them understand Canada for those women who were brought over to marry. When there are events at the school, I speak about it with Donna and she brings in people from the community to participate and help out.

I use her in the school not only as an interpreter, but also to explain things to parents. For example, if I have a child and the child needs to be assessed, it is very difficult for the parents to understand this. They immediately begin asking themselves what is wrong with their child, what is the school going to do to their child. In this way, Donna is able to reassure them, and tell them not to worry, that we just need to know how to help their child, and that the only way we can do that is to have the child assessed by the psychologist. She is able to explain the background, that someone will come to the school once a week, sit down with their child and ask them to write a test. It doesn't involve going to the hospital, which is immediately what they think when you say the word psychologist. Donna's interaction with them is much more effective than saying the words 'psychological assessment' to them, and me struggling to explain that.

I also get to hear some personal things that go on in the Chinese community, so I understand better if a child has a problem. She explains things to me and the staff. Donna is not embarrassed to speak about the shortcomings of the Chinese: that women often are considered second class citizens, the men and their gambling, the difference between working class Chinese and the ones from Hong Kong. She knows her community, the kids, the school and she is able to explain things to us. Several years ago, two young Chinese girls drowned. It was extremely painful for the families involved and everyone at the school. With Donna's help, together we were able to help the families. I know they accepted me because I was with Donna.

Years later, one of the families came back to the area. They had a son and they wanted their son to go to this school. Then they had two more sons and the fourth child was a girl. Donna was like a guard. She reminded the parents that they had to put their children in daycare so there's supervision when they're not around. Even though, financially, it was difficult for them, Donna told them they had to do it. It was, after all, due to negligence on their part that their first daughter drowned [she was left to care for herself]. They listened to her.

There is another case where a mother spoke no English and her husband passed away. She had relatives in Toronto and they wanted her to move there from Montréal. Donna wasn't convinced that it was in the mother's best interest to move to Toronto with her children, considering the family situation there. Donna remained in the background, giving her advice. The woman eventually moved back to Montréal with her children. Donna found a place for her, a job, subsidized housing. The children are at our school and they seem very happy, considering all the changes that have happened. The board has ethnocultural workers, but I have my own who knows the community.

Sarah's account below illustrates that contact between different cultural, racial and religious groups is more successful when there is equality of status, as is the case between Sarah and her colleague Jumal. Intergroup contact is enhanced when cooperation is emphasized, group members pursue common goals, have equal status, know each other as individuals, and have institutional support.

Not this year but the year before, when we were at a bigger school, we had a teacher, Jumal, who was Lebanese and a practicing Muslim. He was a guy with a good sense of humour. People enjoyed his company. He was a very decent guy, but he wasn't much fun when it came to Ramadan. Every year, when he'd go through Ramadan, you could see he was rather pale, and we never saw him in the staff room.

In his own way, without making a big deal about it or mentioning anything, he would begin fasting. Jumal really helped a lot of teachers understand the attitudes that Muslims have with regard to Ramadan. He spoke about fortitude and the physical strength you need to do it. It's not an easy thing to do, feeling different from everyone else, when everyone's eating at lunch time and you go off to pray.

I remember when the La Presse *article came out, criticizing the wearing of the* hijab. *We were in the lunch room discussing the article and the* hijab, *and he was there. He explained the philosophical and religious meaning behind the wearing of the* hijab. *It was not to be seen as a way of oppressing women. It was the women's way of expressing her desire to be obedient to God. Some of the teachers felt that the reality was that women were forced by their fathers and brothers to do this. Jumal explained why his wife chose not to wear one and he explained what the Koran said about the* hijab.

Because of Jumal, I think the teachers appreciated the Muslim kids in the school a lot more. On many occasions, we had discussions about the hijab. *When we had questions we would go and see him. I think his presence in the school made it easier for some people to understand what they would not have otherwise understood. He didn't tell us things unless we asked. He just set an example. We were prepared to listen to him because he was an upstanding, virtuous man, a man of faith who put his values into action and lived by the principles of his religion.*

The fact that he is one of the staff members made it easier for some of the staff who don't know about Islam to appreciate what some of the Muslim girls were going through. It made the general understanding of the religion more real for us because he was a staff member.

The daycare worker, Donna, and the teacher, Jumal, functioned as bicultural individuals in two distinct environments. By understanding the codes, wisdom, rituals and beliefs of a student's first culture, the teacher, who is also the intercultural broker, can begin to develop solidarity with the student, as they provide insights into their first culture. Cultural brokers can put a human face on the oversimplified beliefs of a given culture, race or religion. Donna and Jumal, as intercultural brokers in their schools, serve as guides that can be trusted because of the relationships they have developed within their respective communities.

Develop empathy

Compassion allows us to see and hear things differently. Classroom environments with an affective component, which invite students to enter vicariously into the lives of people from different ethnic, racial and religious groups, help them develop an openness, and consequently, once the students feel empathy, they may be more prepared to respect differing points of view.

The following excerpts demonstrate how Pierre and John attempt to develop empathy in their students by introducing them to the lives of people different from themselves, in the hope that prejudice will be reduced. Pierre asks his students to listen to a story told by a seven-year-old girl about her living arrangements at home. When the students break out in laughter, Pierre intervenes.

One day, we were talking about rooms in a house. We were reviewing the French vocabulary. I was saying something like "In your bedroom, do you have this and that?" The student I called on quietly replied, "Pierre, I don't have a bedroom. I sleep in the living room." This little girl from China, who was seven years old, explained that there were two families living in a two-bedroom apartment in Montréal. When the other kids heard that, they began to laugh, even if many of them live in small cramped apartments themselves. I didn't want the girl to feel uncomfortable or embarrassed, but I did want the kids to understand that their laughter was inappropriate, so I asked the girl some questions and she explained where she lived.

The girl told us that there were nine people, four adults and five children, living in the space where one or two people would normally live. I asked the girl why that was the case, and she explained that her father didn't have much money and it costs less to live together. Her mother and aunt prepare the meals, and the little girl in my class takes care of her siblings and cousins. The other students in the class listened quietly. When they understand, it seems less funny.

John asks a Native woman and her daughter to come speak to his class about the challenging situation they were facing. Exposing students to the life experiences of others who may be rejected or discriminated against can help students to understand and reduce prejudice. Allowing another reality to penetrate our consciousness is not easy, and at times, may also make us feel uncomfortable, since it means turning ourselves inside-out. Learning what it may be like to walk in another's shoes is one way in which to begin the dialogue. It is this kind of learning that John would like for his students.

After work, I often go to a gym downtown. Not this Christmas but the Christmas before, there was a guy sitting at the corner begging for money at the corner of St. Catherine and MacKay Streets. I bought him a cup of coffee and got on the train to come home. A few days later, I returned and there is a lady sitting with this guy. I guess he remembered me from the other night, and he says, "If you think I have a hard story, you should hear this lady's story." The lady is crying and I ask her what is wrong. She says that she came to the city with her daughter because her daughter has a brain tumour.

"Where is your daughter?" I ask. "She's in the Faubourg Mall." I said to the mother, "Come with me. I want to meet her." I started talking to the girl and I told her I have a brain tumour, too. I told them I had been treated for it and my doctor was Dr. A. As luck would have it, he was also her doctor. "Tell your doctor you know Johnny Campbell. I've known him for years. He'll take good care of you."

I asked the mother and the daughter if they would mind coming into my classroom. The following day, I told the kids that a Native woman and her daughter were coming in to speak to them. I explained the situation. When the mother and daughter came in, the kids were quite traumatized by how the girl looked. You see, the tumour was affecting her face. Her face was dropping on one side.

My kids were touched by what the mother and daughter had to say, about the illness, being in a big city. They live on a reserve. A lot was foreign and difficult for them to understand when they came to Montréal. The cultures are so different. The kids decided, on their own, to pass around a hat and every one of those kids gave money. If that wasn't enough, because these kids can be tough kids, they accompanied the girl to the front door and picked her up out of the wheelchair to help her leave the building. They knew she needed help.

Later that month, the best artist in the class made a big postcard for the girl when she went in for treatment and everyone signed it. The mom still writes us. The kids were moved. I never thought I'd see that. There's something to be said for that.

Pierre and John had their students listen to stories that did not necessarily reflect their students' own reality. In effect, they asked their students to confront another world. Pierre's students became silent and soon found the student's living conditions less humorous, while John's students, of their volition, raised money and later designed a card for the Native girl while she was receiving treatment at the hospital. Developing compassion allows us to rethink our own reality and lend credibility to different perspectives.

Search for information that is inconsistent with stereotypes

Teachers need to respond to their students as individuals, rather than as representatives of a particular group. However, despite their best efforts, teachers frequently view their students as representatives of a particular group and tend to generalize about them. As such, it is far easier to make assumptions than to ask questions about what it means to be poor, to have a learning disability, or to be Black. Stereotypes influence the way information is processed about the members of groups. They create expectancies about other people, and the holders of stereotypes oftentimes search for information that confirms those expectancies.

You will note in the following stories how Queenie gleaned information about a student with learning disabilities that was inconsistent with stereotypes, and how Pierre challenged gender stereotypes held by one of his students. Queenie believes that the practice of labelling students has become more widespread in recent years. She also believes that labelling limits her students' ability to develop other skills, such as math and chess.

Look at the picture of this child. He's special ed. He's in an LD1 class, in a closed class, for children that have real learning disabilities. He doesn't know how to count but he is one of the best chess players that we have. This kid is definitely breaking the stereotypes – when you look at the academic record for these kinds of kids. What we did was we allowed him to play chess at lunch. When it was time for the chess competition at the board, we allowed him to represent the school. He did well. Magnificently well, as a matter of fact.

Since he became a chess champion, his math has improved and his grades have soared. The change came in his self-esteem, because now he was being recognized. His name was in the newsletter to all the parents. He got certificates, medals, a T-shirt, and the chess champion is doing well at school. Surprise, surprise!

Queenie judged the worth of her student from multiple perspectives and focused on his strengths as a way to combat the stereotypes attached to his 'label'. As a result, the student became a well-known chess player within the board of education, and his performance in math improved considerably. In the example that follows below, you will read about Hamed. Pierre feels that, in order to be fair to all of the students in the class, Hamed needs to share in the classroom duties like the rest of his peers.

All of the students have responsibilities each day; they have to get the snacks, take the attendance, feed the turtle. Every two weeks we rotate, and the students' responsibilities change. I have a student who is eight years old and comes from Somalia. For a two-week period, it was his turn to sweep the classroom.

Hamed came to me after school and told me that he could not sweep the class. He told me, "I don't do that. My mother washes, and my sister cleans and sweeps. They do everything. My father, my brother and I, we play cards or watch television."

It was the first time any student had come to me and spoken to me that way. I was initially quite disturbed by what he told me, but I recognized what he was telling me was a reflection of what he had been taught at home. I wasn't sure how I was going to handle this one. He said it so matter-of-factly. So I told him that each student in the class would be responsible for the same task during the course of the year, and in order to be fair to all members of the class, he would have to sweep. I also told him about the housework I do at home. I finished off by saying that if there was a problem, his father could come and speak to me directly.

Well, he continued to protest. For the first few days after the discussion, he wouldn't do it. I explained that it was fair to all the children if everyone did the chores. He slowly came around. He saw the rest of the kids, and particularly the boys, sweeping and he did it, although reluctantly.

Whenever it was art class, he didn't want to clean the paintbrushes after he had used them. Anything having to do with cleaning was not for him. He enjoyed painting, but he didn't want to clean the paintbrushes. Once again, I had to explain that perhaps it was like that in his home, but in school and in the classroom with other boys and girls, each child has a responsibility, and if he accepts to come to class, then he must accept the rules and responsibilities the other kids accept. He proceeded to do it and now he does it. Hamed needed to understand that there aren't rules for boys and rules for girls in our school. I think he understands that now, at least when it comes to school.

Pierre recognized that Hamed was not required to do any housework at home. At school, however, Pierre felt it was his responsibility to challenge Hamed's gender stereotypes, which he felt were unacceptable in Canada. When Pierre was faced with this conflict, he needed to see beyond his own prejudices as he assessed how to proceed with Hamed. After much reflection, Pierre chose to remain firm with Hamed in the hope that the modelling by the other boys and girls in the class would eventually lead him to change his behaviour and participate in classroom duties.

It takes less effort to pigeonhole people into predetermined biases, than to attempt to understand the situation. When critical thinking is encouraged and stereotypes are challenged, students learn to assess the worth, accuracy and value of the information. When teaching a diverse student population, it requires more time and effort to question assumptions and challenge falsehoods. However, by doing so we are allowing our students to grow. Queenie's and Pierre's stories illustrate how differences of ability and cultural interpretations of gender can be transcended when stereotypes are confronted.

☙

Encourage students to think about their actions in a personal way and at a global level

We often see our world as *us* and *them*. When we descend to this level, we ignore our basic connectedness as human beings, since we continue to divide people according to colour, race or particular 'isms'. A pluralistic curriculum cannot come to life unless fair-minded, critical thinking is at the heart of teaching and learning, and this curriculum requires that teachers and students care about human welfare beyond that of themselves, their families and friends.

Nadine and Sarah demonstrate how they encourage their students to develop an awareness of children's rights and socio-political realities outside Canada's borders. When students are encouraged to think about their actions, they develop a global awareness and perceive the world in a holistic manner. In the excerpt below, Nadine elaborates on the YMCA project that her students participated in with five Latin America countries, and what they learned from such interactive activities.

I was involved in a project that was comprised of a three-way partnership between the YMCA, our school, and five countries in Latin America. In this project, we tried to create hands-on programs for young children about their rights. Across cultures, we tried to encourage self-expression, solidarity, responsibility. The hands-on activities were fun and we used everything from storytelling and games to puppets and theatre.

We did a lot of activities, like the right to expression, to a future, to education, the right to safety, community, and ethnic origin and language. In talking to the children a lot of things came up, like what do you need to stay alive – food, home, friends, clothes. At five years of age, they knew what they needed. The activities showed children that they had choices and responsibilities.

This kind of program allowed my kids to learn about children in relation to other children elsewhere in the world. Children are inspired when they know that other children in other parts of the world share their feelings, their rights, their responsibilities. Somehow, they begin to feel a sense of commitment to children who live far away.

In one class, the children drew their hands and they wrote about what they do with their hands. When we were all done, we packaged up the paper hands and sent them to Ecuador and exchanged our ideas with the children from there. The kids were excited to talk about what the children from Ecuador had sent us. We learned about what their situation was. We began talking about children at risk and the kids said that children are at risk in Canada too, but in a different way. I asked the children how they think that knowing about their rights would change things in their lives, and for the children in Latin America. We talked about it and when the teachers from Latin America came to our school and spent time in our classroom, they were able to share feelings, drawings and ideas with them. Some of the teachers that came up from South America could only speak Spanish. That didn't seem to be a problem with the kids.

I'm glad I was asked to participate in the project. Sometimes it's difficult to know right away what kids have learned, but I have no doubt that they benefited greatly from the activities.

In choosing to become involved in the YMCA program, Nadine's objective was to introduce her students to overarching, universal values. She wanted to create a wider audience for her students' efforts, as they brought their sense of self into focus with the children's rights activities in which they participated. In effect, Nadine was teaching locally to her students what she believed in globally for all children. In the example that follows, Sarah attempts to create a learning environment that encourages her students to think about core Canadian values, and non-democratic values elsewhere in the world, and she does so through the use of literature. By selecting a novel that examines human rights issues, Sarah wanted to impress upon her students that Canada is a free country, where justice and freedom are ideals we rarely need to fight for anymore.

There's this book I like to have the kids read, the story of Carmen Quintana, a Chilean woman who was burnt by the military during the coup in 1973 which overthrew the government of Allende. I chose this book because it's about a young woman the students can relate to. She fought for something she believed in. Many of these teenagers are looking for ideals, and this is an idealistic woman, who believed that her family and Chileans and other people in the world have the right to bread on the table and the right to work. We are so pampered in this country that we take a lot for granted.

The kids like the story, because even though it is horrifying, they can relate to it. The book is written in a way that she talks about her life, about growing up, going to school, being a teenager, going to parties. I don't think they can relate right away to the political activism that she develops as a teenager. Some of the kids know her story, especially if they come from Central or South America.

I do this story with the kids because it's an issue of human rights and I want the students to understand the country we live in – that it's a free country and that we have so much, not just materially speaking, but also when it comes to equality and justice and freedom, and human rights and basic dignity. I don't think there is a place like Canada anywhere else in the world.

Here the police don't stop you unless you've obviously done something wrong. I want the kids to be thinking about these issues of human rights because I want them to have a political consciousness, even if it's under-developed. I want them to understand what our Canadian Charter of Rights and Freedoms is, and what it means, and get them to understand what we have in this country.

I use the book as a way to get into these issues. I know they would prefer a video but it would be too easy for them. Videos are part of that whole passive experience. I want them to be reading the book because many of them do not have the experience of sitting quietly and reading for half an hour. These issues of human rights are invisible to us as Canadians. It's like our heartbeat; we take it for granted. I want them to imagine what it would be like not to have these freedoms.

For Sarah, the most obvious reason for having her students study the Chilean story of Carmen Quintana is because this story, along with so many other stories, contains knowledge that is readily put to use in the world outside the classroom. Nadine's and Sarah's primary objectives are to raise their students' awareness around global issues and develop empathy. In order to help students become effective and compassionate citizens, the school must help them develop an enhanced awareness of globalization and interdependence.

∽

Resolve conflict in a constructive way

Conflict-resolution skills have become increasingly valuable to teachers as diverse cultures, religions and worldviews come together in the classroom. One way in which to lessen the impact of diversity in the classroom is for teachers to learn mediation skills. In the example that follows, Marie illustrates how she attempts to resolve conflict with several Muslim students regarding a visit to a church. The account illustrates her forthright manner, as she treats her students as individuals, albeit respecting their religious differences.

Every year, we visit the Bon Secours Chapel here in the city. I explain to all the students that we are only going to visit the church and not to pray there. If someone wants to pray, however, they are welcome to do so. We had the consent of all of the parents.

Two years ago, we had a particularly large number of Muslim students. When we arrived at the cathedral, a group of Muslims decided not to enter it. When we came out, a group of five or six Muslim students accused two other Muslim students that had gone into the cathedral of not being true Muslims. The two students, who were brother and sister, didn't know what to do. They were quite upset about the whole thing, so they came and talked to my colleague and me. I did not hesitate to let the group of Muslim students know how unfair their comments had been. I didn't want to wait until we returned to class to discuss this. I felt that it had to be dealt with right then and there.

You see, during Ramadan, the same students who didn't enter the cathedral had demonstrated to the class the procedures of their prayers. They brought in their carpets and other material they needed in order to pray. There are not that many teachers who would allow their students to do such a thing in their class. I reminded the students of that. That's why I found their behaviour inexcusable that day. We talked about what it means to judge other people's actions and whether we have the right to do that.

I wanted them to understand that the Muslim students who entered the church are just as Muslim as the others who didn't, and just because they went into a church they are no less Muslim. I reminded them that we had demonstrated great open-mindedness, by asking them to share their religion in class with us. That day I was asking the same of them.

Marie addressed the situation without reservation, in order to illustrate that she did not approve of her Muslim students' behaviour. She reminded her students that earlier in the year the class was open-minded when the Muslim students demonstrated the procedures of the Ramadan prayers, and now it was their turn to remain open-minded and not judge their classmates. Teachers in pluralistic classrooms will often face controversial issues, and so can gain from preparation in conflict-resolution.

In the example that follows, Sorin demonstrates how he attempts to resolve conflict in a constructive manner with two young boys who are acting out for reasons that are at first unknown to him. Conflict-resolution can help establish mutually supportive relationships between the teacher and the students, and when teachers are committed to empowering their students, they also help them to analyze and resolve conflict. The approach Sorin takes with his two students demonstrates that he values the students' concerns and experiences.

There was this boy Ling in my class, who was harassing Vladimir, a Russian boy. Ling was really acting out, bumping into Vladimir, disturbing him all the time, being silly. Vladimir talked to me about it and I tried to speak to Ling. It didn't change much. I don't know why he was bothering Vladimir. I knew that Ling was having difficulties adapting to the language and being here.

When I spoke to Ling again in a later conversation, he said he hoped the plane wouldn't leave. I tried to understand what he meant by that. I came to understand that he was referring to the plane his father was to take to return to China, for work. Ling is an only child. His mother works during the day and takes French language classes at night. So when Ling would come home in the evenings, his father was usually there and they'd do things together, go to the mall, visit people. He told me that he prayed every night that the plane would not leave, so his father could stay here with his family.

To get back to Vladimir, I knew he also missed his father. Since his parents had separated, he rarely saw his father, sometimes on the weekends. I explained to Vladimir that Ling was acting out because he was anxious about losing his father, and that I am sure he could understand because he often missed his father. I explained that Ling wanted to be his friend, and that he was particularly good at math. Vladimir needed help in math. He understood what I was saying and finally accepted Ling. Vladimir's French has always been good, so he's helping Ling along.

In order for Marie and Sorin to resolve the conflicts which transpired in their classrooms, they needed to seek new ways of approaching the issues. Both teachers attempted to understand the reasons behind the students' actions, before responding to the situation. By interpreting the incidences from a holistic perspective and taking into account the students' motivations, sense of loneliness and religious learning, Marie and Sorin were able to resolve the conflicts between the students in a fair, respectful manner. In so doing, they developed alternative strategies and created different avenues of dialogue.

Resist the temptation to stay the same

Teachers today face many changes, and demand for change will always be present in diverse classrooms, where the teachers are required to be flexible, adaptable, open to change and able to accept uncertainty as they work with their students. Effective teachers are able to adapt to a variety of circumstances as they consider alternative approaches to problem-solving. When faced with diversity, we must accept ambiguity. When we have unfamiliar experiences, we develop a new vision of learning. In the following excerpt, Sorin discusses the special demands placed on him with respect to a student who had witnessed horrible violence in his native Nicaragua. Although he was uncertain how to respond to his student's tragic situation, Sorin made every effort to adapt and ultimately make changes for the benefit of the student.

Two or three years ago, I had a little boy from Nicaragua in my class. When he was young, he had seen his father and his uncle shot in front of his eyes by the army. They came into his home and he saw all of this. I don't know how he escaped the same fate.

Pedro would come to class each day and sit quietly, not saying a word. Each day around 10:00 in the morning, he would ask me if he could go to the washroom. He couldn't speak French well but would point at his stomach and say 'Señor mal'.

I later found out that he was vomiting in the washroom every morning. One of the kids told me. I called his mother and she took him to see a doctor. A few weeks later, I received a letter from a psychologist asking if it would be possible for me to take on the role of a father, rather than a teacher, and spend extra time with Pedro whenever possible.

Well, I can't say I initially felt comfortable with this request when I heard it. What would I do? Be a father. I knew, however, that it was a difficult time for Pedro and his family, with the adjustment to Québec and all. So I would ask for his help, ask him to make photocopies for me, do things for me at lunch, get him to talk with me. It worked out fine. I think it helped.

Although Sorin was reluctant at first to play the role of a father, since he is not a father and was unsure how to do this, he understood the importance of following the psychologist's advice and of paying considerable attention to Pedro during this difficult grieving period. In the following example, Queenie explains how one of her students was being denied the opportunity to attend a school trip to Ottawa. Although Queenie fully understands the reasons why her student had been prohibited from participating in the past, she nevertheless approached the father to persuade him to reconsider his position.

Tracey is from the West Indies. She has never been able to go away from home on any trips. Last year, when I organized the trip to Ottawa, I really wanted

Tracey to join us. I hadn't been successful in the past to convince her father to have her come. Going to Ottawa is part of social studies, but more importantly these kids get to see museums, visit Parliament, have a picnic. It's important that the kids get to see where Canada's laws are made, where the Supreme Court is.

Tracey's father is a single parent and he has never allowed her to join us on school trips. He is scared that something will happen. I felt that she needed to go because I know she goes nowhere. She is not allowed to leave the house, unless she goes with her father. I suppose I could have stopped trying, but I really wanted Tracey to join us.

I spoke to her father and told him I thought it was important that Tracey visit Ottawa with her classmates. I reassured him that I understood what his concerns were. I guaranteed him she'd be with me all the time. He had my word. I told him that if anything happens to me, then something will happen to her, otherwise she is under my wing. Well, I talked to him face to face, and convinced him. That girl had a wonderful time in Ottawa. She still talks about that trip.

Queenie was not only aware that Tracey came from a protective single-parent environment, but was also cognizant of the attitudes held by West Indian parents towards their daughters. In previous years, this little girl was not able to attend educational school trips because of her father's fears. Queenie wanted Tracey to be exposed to new situations and engage her in a different kind of learning outside the classroom. It took her some time to convince Tracey's father, but her efforts paid off.

Sorin and Queenie could have responded to these situations in predictable ways. Sorin could have simply concluded that Pedro's discomfort was due to his social, cultural and linguistic adjustment to Canada, and Queenie could have just accepted that Tracey would once again be unable to visit Ottawa. Instead, these educators resisted the temptation to stay the same, and chose to transcend boundaries of culture, class, and gender difference to provide their students with opportunities for growth. In their own way, Sorin and Queenie demonstrated how they chose to embrace change in the hopes of fostering a more equitable learning environment for their students.

Treat your students as equal but not the same

When educators are colour-blind, we treat all students in the same manner, and do not acknowledge difference. Teachers assume that to be colour-blind is to be fair, honest and ethical, and that to see difference is to see inferiority. However, such colour-blindness frequently results in a teacher's refusal to accept difference, which may in turn lead to a denial of the student's reality and, ultimately, make their difference invisible.

Learning to affirm difference, rather than denying it, is a means of promoting equality between students belonging to diverse racial, cultural, and linguistic groups. Whenever possible, teachers' expectations should be adapted to the reality of their students' lives. In the example that follows, Diane demonstrates how she disciplines a student differently because of the uncertainty of his foster home predicament. Given the situation, the teacher recognizes that she needs to adopt a more appropriate form of discipline.

Peter has been acting out lately. I know there has been a lot of uncertainty about his foster home and he must be feeling anxious about that. His teacher came to speak to me about him. He has really been unmanageable as of late. I spoke to Peter's teacher and we came up with a strategy. When she can't seem to handle him in class, she sends him to my office with a note: 'You wanted to talk to Peter'. So Peter waits in my office and when I have a few minutes, I sit down and talk to him. I don't want to pry, or ask about his personal life. I know his whole family, his mother, his aunt, and even his grandmother. He knows I care about him, so he talks to me. He needs that and then he returns to class and he's fine.

If that were another child, I would say 'you are out of line and you know what is considered appropriate behaviour in this school', but I can't do that with Peter, because we don't even know where his mother is right now. The kid is disturbing the class, but I can't treat him the same because he is asking for help. He's asking to be heard. This student needs a different kind of attention and support from me. Once the foster home situation sorts itself out, it'll be better. Typical discipline, like staying after school, will not work with this kid. He comes and talks for about 10–15 minutes and then he's fine.

When educators accept difference, it should not devalue the student's background or lower the expectations of their abilities. Diane made allowances for her student in accordance with her perception of the student's individual circumstances. When we treat everyone the same, it does not lead to substantive equality, but can serve to perpetuate the inequality that already exists.

It may be difficult to accept the idea that 'equal is not the same' because in doing so, we think we need to lower our expectations or dilute the curriculum so that all students can learn. However, perhaps the more appropriate question that needs to be asked is, does this inequality reflect a deficiency on the part of the student, or on the part of a system that unfairly distributes resources and opportunities? When we accept difference we need to make provisions, where the student's experiences are viewed as a strength we can draw upon. Rather than place the blame on difference, it is more important to take into account the reluctance of the educational system to meet the needs of the diverse student population. In the example that follows, Marie demonstrates how she alters a homework program for her student because of his responsibilities at home. Her student was still required to complete the homework, but practical concessions were made in order to ensure that the homework was done.

There was a little boy from the Philippines, Jason, who did not go to school for two years in his country while his mother was waiting for their immigration papers from Manila. I was never able to understand why that was the case, but that is what happened.

Jason arrived here at our school and he should be in grade five, but he has not been to school since grade two. Even after he had been in my class a while, he was not doing his homework, so I tried to find out about his situation, why he wasn't doing his homework. There is a baby in his family. During the day, the mother, who is a single parent, takes care of the child, but once Jason and his sister came home they take care of the infant. The mother had language classes and part-time work. Often in the evening, the baby would not sleep, and either he or his mother had to care for the baby, so he was not able to do his homework.

I wasn't sure what to do about the situation at home, so I contacted the social worker about it and she tried to help them out. But in my class, I also tried to do something. I explained to him it was still important to do his homework. All my students do homework every night. I give a lot of homework. I did, however, prioritize for Jason, showing him that some things were more important than others. I also explained that it would be difficult for me to recommend him for the next grade if I didn't see an improvement in his work. Jason did what he could, and what work he didn't do at home, he corrected with us in class the next day.

I needed to adapt my homework rules for Jason. You have to adapt your teaching according to your students.

In both of the situations illustrated here, the student's behaviour was not acceptable: Peter was acting out at school because of the uncertainty with his foster home, and Jason was not completing his homework because he assumed the role of caregiver for his younger sibling once he returned home. However, in each incident, the teachers' expectations and demands were adapted according to the reality of the students' lives. Failure to acknowledge difference often results in teachers and administrators labelling a student's behaviour as deficient. The teachers' stories demonstrate how they were able to provide their students with equitable opportunities for learning.

※

Bridge the gap between the old world and the new: Acting as brokers of information in Canada

Teachers can serve as brokers of information for their students by assisting them as they make the transition from their home culture to Canadian society at large. In many respects, the teachers in this study consider themselves 'Canadian hosts' for those students who face the challenges and uncertainties of living in a new society. As brokers of information, the teachers can suggest alternative behaviour in a certain situation, or provide more appropriate solutions to problems the students may be encountering.

In the following vignette, Sorin demonstrates how he assists his students in understanding and adjusting to customary practices in Canada. Sorin's actions demonstrate that teachers can provide much-needed guidance to students and represent an important communication channel between home and school.

I try to help them understand the customs here in Canada, because they come with their own ideas from their own country. They are, after all, newcomers here and are unfamiliar with the way we do things. I often remind them that what is acceptable in their country is not acceptable here. For example, spitting in the streets. I have noticed that it happens with a certain group of kids, and in certain areas in Montréal.

When we have outings, we try to behave and act like Canadians, and respect their way of doing things. For example, throwing litter. Sometimes, I see my students eat a cookie and throw the wrapper on the ground. When I asked them why they do that, they say that in their country there are poor people that work in the evening, gypsies that clean the streets during the night. There are no garbage cans at every second street corner like we have here.

Another example is speaking loudly in public. I asked them why they do that and they explained that, in their countries, and more so if they come from big cities, with many people in the streets, you have to speak loudly to be heard. Here in Canada, there's no one in the streets. Back home, if you want to be heard you have to scream, they tell me. I reassure them that I understand what they are saying and remind them that it is best not to speak loudly.

Another thing: the students don't always say 'thank you'. I tell them about the importance of saying 'thank you' when someone does something for them. If someone helps them with their homework, or holds the door for them in the subway, they should say 'merci'. I always explain what snow is, and what it is made of, and that it doesn't hurt. Often, students don't want to go outside when it snows, and for some, it is because they're afraid of the snow. Some students have had terrible temper tantrums in front of me, insisting that they do not want to go out because they're scared. I always explain to them that the Canadian way is not necessarily a better way of doing things. They need to know what is acceptable and what is not, and the difference between the two so they are not ridiculed.

Sorin discusses with his students the rationale and the appropriateness of certain 'Canadian' behaviours and why the students, now living in Canada, should adhere to such conduct. He cites relevant examples of what is acceptable in Canada, such as the importance of not spitting or littering in the streets, speaking quietly and being appreciative of one another. In the excerpt that follows, Nadine's interaction with her student affirms that she has a fundamental grasp of the knowledge and experiences that are most worthwhile in Canada, and as a result, she takes time to expose her student to appropriate ways to proceed, and offers solutions that are suitable within a Canadian context.

I can remember a little boy who came from Jamaica. He arrived in grade five. His teacher was saying this kid doesn't know anything. Why doesn't he know how to speak English. He couldn't have gone to school before he came here.

I heard this in the staff room in the morning and I asked the teacher to send him down at recess time, and he came down. He looked at me. I'm from Jamaica, as I mentioned to you. I spoke to him in patois when he entered the room. His eyes lit up and he started telling me many things. He told me how confused he was. In Jamaica, he had gone to a rural school. Hearing the English we speak here was like a new language for him. He wasn't hearing anything he understood. He told me he didn't understand anything his teacher said. I tried to explain to the teacher to just give him time until his ears became accustomed to what he was hearing. She didn't seem to understand what I was saying. "Jamaica is an English island. You speak English there, don't you?" Yes, of course, I pointed out, but there are many different dialects and patois. Furthermore, if a child comes from a rural area, he probably only spoke patois, except if he went to certain schools. We left it that she would send him to me if there was something she wanted to explain to him and I would try to help him.

He would often come to me and talk to me after school. Come winter, he didn't know what to do. He had to be properly dressed or he would end up with pneumonia. I showed him how to put on gloves, how to close his jacket so to keep the warmth inside. You see, in Jamaica, to put on a jacket is a decorative thing, it's something to look smart in. Having learned this through my own experiences, I knew what to say to him.

Both Sorin and Nadine assumed the role of 'brokers of information' by providing their students with practical and reliable meanings of Canadian values, behaviours and attitudes, and helping them navigate and grasp the uncertainties and challenges of living in a new society.

౸

Remove obstacles that prevent students from performing at their best

A significant goal of diversity education is the intellectual, social, and personal growth of all students to their highest potential, so as to provide students with equality of opportunity. It follows, then, that developing strategies which focus on dismantling barriers to student achievement can be effective. Nadine demonstrates how she eliminated an obstacle which prevented her student from reaching her full potential at school.

One year, I had a little girl who was East Indian and there was another little girl who was from Africa and her skin colour was very, very black. There were other children in the class that year who were mixed, but the majority were white. One day, we sat down for story time and the East Indian girl said, "I'm not sitting down beside her because she's Black." It happened so quickly, you know, that I didn't know how to react. Another child in the class responded, "But, you're Black. Why don't you sit beside her?"

The East Indian girl responded, "I'm not Black" and immediately began to cry. She added, "I know I'm Black, but I don't want to be Black. I don't want to be Black." When I heard this, I thought it was the most disastrous thing I had ever heard and seen. These children are five years old. They're looking at skin colour. They don't understand anything about race. I must admit, though, that her outburst explained a lot of things, because she was an aggressive child. She would often get into arguments with the other children in the class. Nothing was ever good enough for her, and she would often complain about things.

Of course, I didn't know what to do at the moment this happened. I tried to comfort her. I asked her what is so bad about being Black. She responded that she didn't really know, but that she didn't want to be Black and she didn't like people who were Black. As she was telling me this I was holding her and I said to her, "Do you like me?" She looked at me and said, "I love you." I realized that she didn't see me as 'Black'. I was the teacher that she got along with. But I knew it was more than that. Somehow, she came to believe that being Black was not good. We left it for the moment, but I knew I would come back to it.

In my lessons, I began doing 'I'm happy to be me', 'What am I worth?', 'Does hair or eye colour change the kind of person you are?', 'What do you like about yourself?' I explained that there will always be things you don't like about yourself, things you can change and things you can't, like features that are a part of us: the lips, the nose, the hair. The children played with each other's hair. I had the children look at themselves and describe who they are and how they look.

As we worked on it throughout the year, I can't give a particular example when she said "I am happy to be Black," but she began to accept the colour of her skin. One day when I asked if someone wanted to talk to us about something they do in their community, she volunteered. She brought in her music and showed us the circle dance. After the dance was over I said to her, "You are so lucky to know that, and the only reason why you know that is because of your family, your *friends and the community you come from. That is why you were able to share something special with us today."* She responded, *"Well, you know, I'm Indian."* She was beginning to accept that as an East Indian, her skin was dark. You could see that she was certainly happier in class. She was smiling more. I talked very openly about colour with her. I demystified words and expressions for her. By the end of the year, she could talk about herself. She was beginning to develop her self-worth. I was proud of her. She was in our school until grade 4 or 5, until she moved to Chicago with her family. She still writes us every year to let us know how she's doing.*

Nadine found something of value to emphasize in her student who faced particular obstacles with regard to her self-perception and racial identification. She found something she could build on, something the student knew how to do, or cared about. Due to Nadine's careful intervention, the student's sense of self was greatly enhanced, and as a result, this impacted positively on her commitment to school and learning.

In the vignette that follows, Sorin discusses the plight of a little girl from Bulgaria who is not eating her lunch. When he finds out that there is no money at home, he prepares food for her, but she still does not eat. It turns out that she is bringing the food home to her mother. You will note that Sorin's mindfulness made all the difference in this case.

There is a little girl in my class from Bulgaria. Her father died this year before they arrived in Canada, so she arrived with her mother and no other family members. Periodically, throughout the day, the girl would ask me when it was time for lunch. She would ask, "When are we going to eat?" She was so quiet and I attributed her silence to her trying to adapt to life in a new country.

One day, some of the girls in my class told me that this little girl was not eating at all. Once I heard this, I prepared an extra lunch for her each day, but she was still not eating. I couldn't understand what was happening. Her mother was trying to find work and there had been a delay in getting social assistance. So for a while they were without money. For two or three days, the little girl had nothing to eat. When I asked her about the situation, she told me that they didn't have money to eat. So I went to the office and spoke to the principal, who did everything possible to help her. The principal was able to prepare a lunch bag for the day, and dinner for her and her mother. We would monitor her during the day to ensure that she was eating lunch and not saving it to give to her mother in the evening.

Now they have housing. They've received money. The principal has asked the mother to be a lunch-room monitor, so she can make some money while she finds a job elsewhere. I see this girl in my class now. She is smiling, doing much better at school than before. It's a sad story, but we do our best.

Once Sorin understood that his student's obstacle was hunger, he promptly made arrangements for his student and her mother to receive food at home, and the principal found temporary work for the mother as a school monitor. In their own ways, Nadine and Sorin exposed the discrepancies of living in an inequitable society and found strategies to reduce the barriers to their students' achievement.

In general, schools maintain the status quo and do not expose contradictions that make people uncomfortable in a society that has democratic ideals, but where democratic equality is not always a reality. These contradictions include manifestations of inequality, and schools are supposed to wipe out these inequalities. To admit that inequality exists and that it is perpetuated by the institutions charged with doing away with it is too volatile an issue.

In closing

Although most of these teachers began teaching in monocultural environments, over the years, they developed new perspectives to respond to the ongoing changes in their classrooms. The stories illustrate that the teachers developed innovative strategies in which to validate their students' differences and move beyond them to create new spaces for learning together. Teaching in such a way is a process of working against the grain of current school practice and engaging in the risky business of constructing new roles for teachers, which can be difficult, painful, and time-consuming. Teachers take risks when they depart from the norm and develop new forms of understanding with their diverse students.

Each of the stories represents small victories. In essence, the teachers demonstrate the need to continue to search for practical ways to transcend the boundaries of difference, and somehow find new spaces of understanding. Admittedly, there is something very real and human about these everyday stories, and therein lies their power to inform, inspire and guide us to a more compassionate acceptance of diversity. The accounts of these teachers illustrate their transformative practices, and are a testimony to the courage and open-mindedness that diversity teaching requires.

Interpreting these pluralistic classrooms and schools for the richness they represent has been a lifelong process for these teachers. The insightful narratives provide an overview of what is workable when teachers and students transcend their personal experiences to make meaning of difference. The stories illustrate the educators' expressions of care, perseverance and fortitude as they provide practical wisdom for their work and challenge traditional approaches to teaching which have silenced students in the past.

In essence, these educators demonstrate that diversity teaching is an evolving, dynamic and complex process which can provide enriching personal and professional growth. It goes without saying that this kind of teaching brings with it uncertainty in procedure and protocol. Despite the complexity, these teachers make every attempt to understand the new terrain and work within it. Their stories demonstrate what is good, what works and what is of value.

What Lies Ahead

THE AUTHENTICITY OF THE teachers' voices, their wisdom, and the power of their stories carry the day, and continue to inform as we look ahead at the future of education in Canada. In this chapter I will look at the teacher's changing role in the pluralistic classroom, the qualities and attributes needed to become a diversity educator, and the importance of providing equitable education for all students.

∾

The teacher's changing role in the pluralistic classroom

The teachers have certainly reflected on their changing roles in the classroom. Not only did they come to understand, and ultimately accept, that their responsibilities in the school and classroom have undergone a fundamental transformation, but they came to recognize that they are required to integrate multiple roles into their teaching repertoire. The teachers agree that a modified curriculum and classroom instruction need to be integrated in a critical manner. However, their emphasis rests squarely on how their daily functions have changed inside and outside of the classroom over the years: they collaborate and dialogue with a greater spectrum of people on a daily basis; they are cultural mediators and intercultural brokers; and they are required to demonstrate greater flexibility as they attempt to find alternative solutions and strategies to their students' dilemmas.

∾

Teacher's changing role: Collaborating with a greater number of constituents

Educators in pluralistic teaching environments are learning to dialogue with a larger, more diverse group of people. In our present-day classrooms, the parameters of a teacher's responsibility extend beyond the classroom and into the student's family and community. Their professional rapport is no longer limited to the classroom and school, but requires collaboration and dialogue with parents, grandparents, extended family members, foster parents, community members, and social agencies. Teachers are learning to collaborate with different people in order to provide their students with more access to resources and opportunities for achievement. For example, John turned to a rabbi to help him illustrate to the students the interconnectedness of discrimination and racism: *"The rabbi and I tried to illustrate that people will always discriminate against those who are different, whether it be religious, sexual preference, whatever."* Furthermore, Sorin recounts why it is important for him to have as much contact as possible with his students' families, lest misunderstandings occur, as in the case of the Haitian father.

Another example is Diane who turned to her Chinese daycare worker in the school to assist her in understanding what was happening with two Chinese students and their families. *"She knows her community, the kids, the school, and she is able to explain things to us."* Each of the teachers learned to collaborate with a greater number of constituents in order to gain a better understanding of their students' lives, and ultimately to teach in a more effective manner.

༄

Teachers' changing role: Becoming a cultural mediator and intercultural broker

Frequently, the teachers play the role of intercultural broker, helping their students to adapt to Canadian cultural practices. For example, Nadine speaks about a young Jamaican student who was having difficulties adjusting to his new life in Canada. *"I spoke to him in patois when he entered the room. His eyes lit up and he started telling me many things."* Sorin tries to help his students understand the customs in Canada and how they differ from the traditions and practices of their country of origin. *"They need to know what is acceptable and what is not, and the difference between the two so they are not ridiculed."*

Sarah speaks of her Lebanese-Canadian colleague, who served as a guide to the students by putting a human face on the continuing dilemma bicultural individuals confront in Canada. *"Jumal really helped a lot of teachers understand the attitudes that Muslims have with regards to Ramadan… Because of Jumal, I think the teachers appreciated the Muslim kids in the school a lot more."* In summary, the teachers attempted to facilitate the acculturation process in Canada for their students. Nadine, Jumal and Sorin are bicultural Canadians who live between two worlds, and as a result, because of their personal experiences with immigration and adaptation to their new homeland Canada, they were able to reach out to their students and provide not only practical assistance but also a sympathetic ear, as their students attempt to make sense of their world which consists of a blend between the mainstream Canadian culture and the culture they live at home.

⁘

Teacher's changing role: Being adaptable and flexible

Educators in pluralistic teaching and learning environments are required to adapt to changing circumstances and to demonstrate flexibility when seeking new ways of doing things in their classrooms and schools. The teachers are aware of the need for change and, whenever possible, consider alternative ways of responding to a given situation. As such, they have learned to resist the temptation to stay the same and have chosen instead to embrace change and adaptability. For example, when one of Queenie's students was kept from joining a field trip, she spoke to the student's father, who in the past had not been easily persuaded. *"I spoke to her father [and] reassured him that I understood what his concerns were. I guaranteed him she'd be with me all the time. He had my word."*

When the teacher Sorin was approached by the Board psychologist to assume a fatherly role to his student Pedro, who was going through a difficult grieving period, he was unsure how to proceed, but understood the importance of following the psychologist's advice. The way in which Queenie and Sorin embrace flexibility and adaptability is a testimony to their mindfulness and strength of character. They were responsive to their students' circumstances and acted in the best interests of their students. They demonstrated flexibility as they sought alternative ways of doing things in their classrooms.

Becoming a diversity educator

In the following section, the educators highlight their views on the qualities and characteristics which are required to teach effectively in a pluralistic environment. The discussion with the educators was framed so as to determine what kind of individual makes worthwhile communication possible. This overview serves as a starting point for further discussion.

Becoming a diversity educator: Awareness

Research literature places emphasis on the fact that the first stage of growth for teachers is awareness of self. Such awareness becomes a foundation, a prerequisite, for accepting the validity of difference. Interestingly, the teachers never mentioned this notion of self-awareness explicitly, but accepted it as a given. They suggest by their example that the function of teachers needs to shift towards an awareness of the holistic student in their classroom. For example, John tells us to *"know when your students are bleeding inside. Watch your kids,"* and Pierre observes his students very carefully: *"I know two to three weeks into the month of September which kids will need more help than others. I know this because they always wear the same clothes. They come to school not having washed-up. They don't have a lunch box and they have nothing for snack time."*

Another realm of awareness cited by the teachers is the notion of developing a broader curriculum by 'cultivating an awareness beyond the classroom walls'. Such awareness can breathe life into the curriculum. Sorin tells us, *"I know what the difference is between supporting the Shah of Iran and being against the regime. I know what a Croat represents and what a Serb represents. These examples may seem insignificant to us (as Canadians), but it is because of these reasons that these kids are in our classes."* Queenie knows that the old gentleman who lives across the street from her school is the grandfather of one of her students. *"I often hear him talking to people in the streets and telling them great stories on the sidewalk. So one day I asked his grandchildren to speak to him and see if he would come to school and talk to us. I thought to myself, it is another way of learning."*

Awareness of self is the starting point for teachers who would like to engage in meaningful dialogue with others. Secondly, educators must develop a holistic awareness of the student who sits before them, by cultivating mindfulness of the student's dreams and wishes within the classroom and beyond. The teachers' attentiveness and sensibility create opportunities for them to learn and enhance their understanding of their students' circumstances.

Becoming a diversity educator: Attitudes

Attitudes consist of our thoughts, feelings and beliefs regarding what is true, false, desirable or undesirable. Effective teachers believe that they can learn from their students, and use their students' everyday experiences to link new concepts to prior knowledge. For example, Queenie states: *"It's impossible to know everything. You have to be able to admit that and have a willingness to learn from your students."* Marie often asks her students to speak about their country of origin: *"I think it is important that there is a link between Québec and their native country. It comes naturally for them to speak about their culture."*

In addition, the teachers believe that maintaining a positive attitude will have an impact on the students' achievement. If a teacher has high expectations of success for their students and learns to build on their strengths, students will learn more effectively. John advises us to *"Maintain a positive attitude. If your student got only 60% or 62% the last time, and you work with the kid, the next time he'll get 70%."* Nadine reminds us that, as educators, *"We're showing kids the path to their future…There is never any criterion to judge. If your kids have a dream, help them catch it. If you destroy a kid's dream, you create a nightmare."*

Educators in pluralistic classrooms need to consider views and issues with an open and critical mind. Nadine states, *"If you come with an open mind, you won't have to be taught how to keep your eyes and mind open to new things."* And Sorin mentions that when you work with these kids, *"You have to be open-minded. My theory is if you give, you receive in return."* In order to engage in meaningful teaching and learning experiences with students, teachers must develop certain attitudes: accept that they can learn from their students; maintain a positive perspective vis-à-vis their students' efforts and achievement; and develop a spirit of open-mindedness.

Becoming a diversity educator: Skills

The teachers have identified listening, patience, conflict-resolution and collaboration as the skills they have developed and have come to rely on to teach effectively in their classrooms. To begin with, the educators recognize the importance of just simply listening. Nadine, for example, states that it is good to know about the children's home life, but *"if we listen to the children, sometimes we learn more. Try to use the knowledge you have of the child to help you communicate and interact with the child."* Sarah recounts, *"If I listen and I'm close-minded, I'm not going to be affected by what the kids are saying, emotionally affected that is. There won't be a response. In that case, I am hearing and not listening."*

The development of patience is another skill that can put the teacher in good standing and will undoubtedly open up the opportunity for more respectful intercultural dialogue. Diane mentions the importance of being patient: *"Education is a profession where that is absolutely necessary. Kids have so many problems that need to be addressed that if you're not patient, you won't be effective."* And Sorin asserts: *"You have to be patient. Slowly they will begin to experience success in the classroom, and that will give them the motivation to continue to work well."*

Resolving conflict has become increasingly valuable to teachers as multiple cultures, religions and worldviews collide in the classroom. The teachers believe that a way in which to work more creatively with difference is to learn mediation skills. For example, it is important to Pierre that his students feel secure, and one way in which he promotes that is by teaching them how to solve problems for themselves. When a problem arises between two students, he takes on a mediating role. *"I am present when they discuss things, but I let them solve their problems. The children know the consequences of their actions when they step out of line."* Diane feels that she is often mediating. She tries to sit the students down and determine what has happened. *"I see the difference between the teachers that have mediation skills and those that don't. When I began teaching you would say to the student, 'Okay, you're punished', but it doesn't work like that anymore."*

The final skill that the teachers have highlighted is collaborative working skills. The teachers understand that working collaboratively will contribute to overall inter-group relations, particularly in diverse learning environments. Diane states that *"With fewer and fewer resources, material and personnel, you have to work together with the other teachers in the school. We often talk about cooperative learning for kids – well, how about cooperative learning for teachers and parents?"* To conclude, listening, patience, conflict-resolution and collaboration are the skills which the educators have come to rely on to teach effectively in their pluralistic classrooms. Few would argue that being patient and developing listening skills are a given in education, but the need for enhanced conflict-resolution and collaboration skills is highlighted here. Most certainly, this is due to the multitude of values, beliefs, differences and religions which are part of our present-day classroom.

Becoming a diversity educator: Values

Learning and teaching in our changing classrooms requires an understanding of our own ideals and values. In addition, the educators have identified a set of values to be of relevance when teaching in a pluralistic environment: honesty, dignity, equality, and self-respect. John tells us what his father used to say about honesty: *"There are two things you can't fool – a drunk and a kid. If you're honest, your students will be honest."* Diane says: *"Kids will trust you when they think you are to be trusted."*

The teachers value the students' sense of humanity and dignity. Marie reminds us that *"If you do not have respect for children and preserve their dignity, then it's not even worth considering teaching."* Sarah insists that her students treat their fellow classmates *"with dignity and respect. I will not accept it when a student speaks in a disrespectful way, or when a student acts in a disrespectful way in my class."*

Another value of importance to the educators is equality. The teachers demonstrate equality when they provide equal opportunities for learning, and set equitable expectations for student success. Equitable does not necessarily mean equal. Nadine points out that in order to be equal, you have to have different rules for different students because the needs of the children are different. Marie adds, *"I try to be fair and not favour one over the other, but I can't treat all my students the same because I know who can do their homework and who can't and what their reasons are."* Indeed, teachers who demonstrate the importance of self-respect develop in their students a positive sense of self. Sorin tells us that he tries to encourage his students *"to value what they bring to Canada as immigrants. I explain that each group of immigrants has made a contribution to Canada."* Nadine talks to her students about the importance of being confident and of having a strong sense of self because she knows that *"if a White, Black and Asian person walks into a room, people will have different expectations of each. The person cannot do anything about these people's expectations. They can only be themselves."*

The teachers' contextual stories serve as a guidepost in understanding the qualities and attributes that need to be developed when teaching in a pluralistic environment, and have done so by providing an overview of the awareness, attitudes, skills, and values required.

∽

Equitable education for all students

The teachers fully recognize that their actions and behaviours may potentially have a great impact on their students' sense of self and on their ability to experience success in an educational system that is grounded in a lack of respect for diversity. The narratives illustrate that educators believe and teach with the conviction that all students, regardless of class, race, gender, religion and ethnicity, have the right to an equitable education. Diverse societies need to build on the principle of equal respect. Just as all citizens must have equal civil rights, all citizens should also enjoy the presumption that their traditional culture or religion has value.

The primary goal of education is to provide each student with an equal opportunity to attain high academic achievement. Each major variable in the school, from the culture and curriculum to the attitudes and beliefs of the staff, must be examined so as to allow the school to promote educational equity for students from diverse groups. While growing up, my teachers were 'colour-blind', since they treated us all in the same manner, and as such did not acknowledge our differences. They assumed that by being colour-blind, they were being fair. Such an argument can no longer be acceptable in Canadian schools: affirming difference rather than denying it is a means of promoting equality between students belonging to diverse racial, cultural and linguistic groups.

∽

Equitable education: Treat students as equal but not the same

In an effort to compensate for the inequities inherent in our social and educational systems, the teachers treat their students as equal but not the same, recognizing that treating everyone the same does not necessarily lead to substantive equality, but rather may perpetuate the inequality and inequity that already exists. Learning to affirm difference, and work within it, is consistent with an approach that strives to promote true equality. For example, when a student was acting out in Diane's school, she had to consider an alternative approach to address the discipline problem. *"Peter waits in my office and when I have a few minutes I sit down and talk to him. He knows that I care about him so he talks to me. He needs that and then he returns to class and he's fine. If that were another child, I would say 'You are out of line and you know what is considered appropriate behaviour in this school', but I can't do that with Peter because we don't know where his mother is right now."* Marie was also faced with a similar situation when her student Jason was not completing his homework. When he arrived from the Philippines a few years ago, Jason returned home from school each night to become the primary caregiver for his younger siblings, so Marie went in search of a solution that would take Jason's situation into consideration.

The teachers' responses to their students' dilemmas is testimony of the teachers' spirit of compassion in the face of the circumstances that their students encounter. Diane and Marie knew their students well and were familiar with the personal circumstances that were impacting on their education. As a result, they were able to respond accordingly and address the real situation to ensure that their students would learn despite the odds they were facing. In the end, the treatment they ultimately gave their students was equal but not the same.

Equitable education: Challenging falsehoods and questioning assumptions

If educators are to meet the academic needs of their diverse student population, it often means questioning assumptions, including beliefs about student motivation and potential achievement, and challenging the falsehoods that have been internalized for so many years. For example, Pierre was astonished when his student Hamed refused to take part in school chores like the rest of the students in the classroom. Hamed told his teacher that it was his mother and sister who do the cleaning at home, not him or his father. When Pierre insisted that Hamed share the cleanup duties like the rest of the students, the boy continued to protest. *"I explained that perhaps it was like that in his home, but in school and in the classroom with other boys and girls, each child has a responsibility and if he accepts to come to class, then he must accept the rules and responsibilities the other kids accept."* Another example is when Queenie encouraged one of her students with learning disabilities to play chess at lunch. In due time, her student became the school chess champion and his math grades soared. *"The change came in self-esteem, because now he was being recognized. His name was in the newsletter to all the parents. He got certificates, medals, a T-shirt, and the chess champion is doing well at school. Surprise, surprise!"*

Pierre wanted his student to understand that, regardless of what he was taught at home, different rules do not exist for boys and girls in school and in Canadian society at large. Gender equality is entrenched in the Canadian Charter of Rights and Freedoms, and is a fundamental belief to which many Canadians are committed. Hence, Pierre felt strongly that Hamed understand this now that he and his family reside in Canada. Queenie recognized that labelling can limit students' ability to develop other skills, such as math and chess, and instead, in this case, she chose to focus on the student's strengths as a means of combating stereotypes.

⚜

Equitable education: Removing obstacles that prevent students from performing at their best

Another way in which these teachers provide their students with equality of opportunity is by developing strategies that remove barriers to student achievement, whether the barriers are experienced by individual students, or inherent within the educational system. For example, Nadine recalled having an East Indian girl in her class who was ashamed of her skin colour. In response, Nadine began to facilitate self-esteem games with the students, which focused on skin colour and personal attributes. Later in the same year the student began to accept that, as an East Indian, her skin was dark. Nadine could see that she was certainly happier in class. *"She was smiling more. I talked openly about colour with her. I demystified words and expressions for her. By the end of the year, she could talk about herself. She was beginning to develop her self-worth. I was proud of her."* Sorin provides another example when he demonstrates concern for a little girl in his class who had arrived earlier in the year from Bulgaria. Once school began in the morning, the little girl would ask him what time lunch would be. Some of the girls in the class told Sorin that she was not eating at all, so he made arrangements to have an extra lunch made for her each day, until a bureaucratic delay with their social assistance was resolved.

In both these situations, the teachers understood that shame and poverty were the barriers that stood in the way of their students performing at their best, and, as a result, strove to find solutions within their means to reduce the negative impact these barriers had on their students' achievement. Nadine and Sorin wanted to see their students experience success at school, but they understood that it would be unattainable, given the obstacles the students were facing. If the teachers had not intervened, perhaps these situations would have been overlooked, since there are a considerable number of issues to deal with at school in any given day.

If educators are fully committed to teaching, and if they choose to teach with kindness, then their hearts and minds will witness poignant events time and time again. As educators we can choose to walk away and claim that we are at school simply to teach, and hope that our students will learn from our classroom instruction, or we can choose to be honest with ourselves, that teaching is about witnessing the hardships some of our students may be enduring, and play an active role to effect change. Oftentimes, as educators, we are in a position to exercise power. When I was in school, my parents, as new immigrants, certainly had no voice to participate in their children's education. They did not understand the educational system and therefore had no choice but to silently conform. However, as a Canadian who speaks without a pronounced accent, I can work within the school system to access the necessary resources and power to advocate for my students, as these teachers have chosen to do for their students. If equitable education for all students is a priority, educators need to be advocates within the system.

The teachers have demonstrated ways in which they provide equitable learning environments: they adapt their curriculum and classroom instruction to treat their students as equal but not the same; they challenge falsehoods that are the cornerstone of stereotypes; and they remove obstacles which prevent students from performing at their best. Despite the setbacks, the fatigue and the disillusionment, the teachers found the courage to take risks, as they endeavoured to right some wrongs and render the educational system more equitable for all students.

The future of education in democratic Canada is promising, but the teachers can not do it alone. As a nation, we all gain if our public education system is a commendable one.

Concluding Remarks

The teachers in this book have shared with us vivid examples of the new parameters of understanding which they created with their students, parents, colleagues and community. Their stories remind us of the richness we can experience when responding to the challenges of living, working and teaching in pluralistic environments. They also remind us that teaching and learning in a diverse environment requires a fundamental shift in mindset, and what that means is that they transformed their way of viewing the world by negotiating new forms of understanding, regardless of the vulnerability and uncertainty that came with it. In many ways, they serve as an inspiration, because they searched for alternative ways of thinking so that their students could experience academic success whenever possible.

Good teaching in pluralistic classrooms

This study provides a discerning examination of what is good teaching in diverse learning environments, and as such requires us to think beyond the boundaries of what is good teaching in general, and expand our interpretation to embrace the reality that diversity is an integral component of our communities, schools and classrooms. Accordingly, good teaching in a pluralistic environment consists of a synergy of four elements: the teacher's commitment to personal growth, an enhanced interpersonal approach with students, dynamic school and community involvement, and working towards socio-educational change. In essence, the practitioners corroborate the notion that good diversity teaching means bringing the personal and the interpersonal together. They state unequivocally that good teachers are interested in their students' community and their lives outside of the classroom and school.

It is inevitable that certain socio-economic forces shape educators and their teaching and learning environments. According to the teachers, diversity education is first and foremost about *relationships*, where the teacher-student relationship is developed in the diverse classroom in an integrated way. The teachers' stories demonstrate reflection, critical analysis, and an ability to draw on a range of resources, intelligence and wisdom to relate to their multicultural, multiracial, multifaith students with sensitivity and understanding. In the final analysis, the teachers' insights clearly indicate that diversity education is a process which needs to emphasize relationship-building at its absolute centre.

What these teachers also taught me is that, as educators, we need to develop a new discourse for diversity in our classroom which is accessible, not just for teachers, but also for students and parents. Such a discourse needs to be built on the practical realities of what unfolds in the pluralistic classroom on an everyday basis. It needs to begin with the teachers' language which is shaped by their tangible experiences in the classroom. It goes without saying that this same accessible language can also inform classroom-based curriculum on pluralistic issues, school board policy initiatives and teacher education program design. For example, the teachers identify the ways in which they transcend difference in a language that is from the heart. They speak of 'finding common ground,' of 'removing obstacles that prevent students from performing at their best', and of 'resisting the temptation to stay the same'. In the clarity of the teachers' words, there is great wisdom that has the potential to guide the dialogue on diversity and render it more inclusive and less inhibiting. The teachers' clarity of thought renders their insights accessible to everyone, students and parents alike. Indeed, the language in which they express themselves is a starting point for further discussion which has the potential to transform the discourse in diversity education.

Ultimately, the teachers' insights and vivid stories invite us to think more deeply about issues that concern us as Canadian citizens living in a pluralistic society. In articulating a new vision for education, the teachers demonstrate how diversity has moved from the periphery to the mainstream, and that, if it is not yet the case, diversity needs to be part of our mainstream thinking, and not be reduced to convenient or politically correct rhetoric. In the end, by taking risks, the teachers invite us to consider a myriad of possibilities as we navigate our way through this uncharted terrain.

⁂

Final thoughts

There is no accurate way of predicting what diversity will look like in Canada in the decades ahead; however, there will most certainly be increased pressure to bring diversity in line with the realities of the new mosaic. If we want to address the issues of political unity, social equality and pluralism, we need to expand our commitment to diversity. When reflecting on diversity in Canada, it is apparent that the emphasis requires a new and broadened perspective. This need implies changing our conception of difference, which cannot be seen as an end in itself, but as a means to broaden our collective understanding as a nation.

The eight teachers with whom I had the privilege to work have inspired me to continue learning and taking risks in my own teaching and in my research. Their teaching practices have renewed my faith that we will find ways in Canada to live equitably and justly in a society of difference. Pierre, Sarah, Nadine, Sorin, Queenie, John, Marie and Diane are committed individuals with a vision and a heart. The way in which they teach reflects their personal philosophy of treating the individual that stands before them with dignity and respect. They are model educators who believe in their students, and believe that teaching has the power to make a difference. They have chosen the teaching profession because kids are worth it, because kids deserve to be listened to, and because they represent our future. Regardless of the challenges and setbacks they encounter, their passion for teaching continues to be fuelled by their students and by the relationships they have developed and maintained year after year. It was humbling to have worked with these educators.

I bring this book to a close with a series of final reflections from the teachers. When asked what they would say to guide novice teachers in their new profession as educators, they opened up their hearts and relied on their practical wisdom to share their advice and enthusiasm.

Dear Educator: You are faced with the most pleasant of tasks. You will be teaching children of a diaspora, children who, despite their youth, are learned individuals who bring a multiplicity of cultural experiences to our mosaic. These students will ironically become your teachers. Many have symbolically and literally bathed in the Ganges, breathed air from the summits of the Blue Mountains of Jamaica, fished the waters of the Yangtze, and breathed the fumes of the steaming teapots of Nippon. There is no doubt that your classroom will be a richer place because of the hue of skin, or the lilt of tongue. Your task of teaching will be made much easier if you accept that each person brings something special to the round table, where you sit as the teacher. Benefit from this richness of experience. (John)

Every child and every family is different and unique. We are not only teachers; we also need to be good educators and psychologists in order to maintain the students' interest in class, and to motivate them to come to school. The most important thing is to have an open mind towards difference. New immigrants have acquired a way of life, certain beliefs and customs. We must understand and respect them. It is at this very moment that our role as teachers becomes important. That means that we need to find twice as many ways to help these students reach their goals. (Pierre)

The most important part of a person is the non-physical part. We are souls evolving, souls housed within our bodies. If you can look at people this way, look at their souls, you have transcended all difference. Yes, the students are Black or East Indian or Muslim, but most importantly try to understand one another and appreciate each other as human beings. It's important to challenge our students. The kids sometimes complain that I make them think, and they don't want to think about critical questions. Years later, however, some of the same kids come back and say, "You know Miss, I'll never forget our classes and the things we talked about. You pushed us to think." (Sarah)

Every child, by being in my classroom, has already earned my respect. *These children are struggling to grow up in a world very different from the one we grew up in.* Listen *to them. To look is to only see Black, Asian, tall, beautiful – to listen is to hear the heart. Too often we expect the worst of children and treat them as such because we think we know what to expect. Well, actually the opposite is true. When we expect the best, we usually get it. Search for their strengths and encourage their development as much as possible. Imagine twenty years from now. Think about that, and have it guide you.* (Nadine)

Dear teachers: Learn about your students' cultures and customs. Learn 'on the job' through discussions with students and parents, and through your observations. As teachers, we are there to facilitate their integration into the country. Try not to be blindfolded. Our young immigrants also have cultural baggage which is quite different than ours. We should never judge. Overall, as teachers we need to be energetic, altruistic and courageous, so that we can show these children, who have been entrusted in our care, the road to life. Good luck! (Sorin)

Every time student teachers come to my school I go to the dollar store and buy a few bags. I pick up bags — I get a garbage bag, shopping bag, gift bag. Each bag is different with surprises inside. I give each student teacher one with erasers, pencils, stickers, whatever. I make it my business to prepare each bag differently. We have a little party with all the staff present on the last day before the student teachers leave our school, and these bags are my send-off gift to them. I tell the student teachers that one lesson I've learned as a teacher is that in teaching, there are many surprises. Every day that you come to school you have to have your bag of tricks ready, and no matter how prepared you are, during the day, you're going to have to put your hand in that bag and pull out a trick and try to see and understand what will work with what child. Sometimes it doesn't work, and if it doesn't work, you have to know yourself well enough and be confident in yourself to say this isn't working and go back into your bag and take out another trick that may work. You have to be flexible and open-minded, then assess the situation and react. (Queenie)

Dear teachers: Allow me to tell you that you have chosen the most beautiful profession in the world. Congratulations! Teaching in a diverse classroom is a quite a challenge. But, if you love *your work and your students, then you're on the right track. Teaching in such an environment requires patience, availability, and structure. You need to be conscious of the students' difficulties in learning a new language and a new culture. Help them adapt to their new country and help them respect themselves!* (Marie)

Well, what should I say, after 28 years of teaching in a multicultural, inner city environment. I would say that you need to be a caring individual. You need to be sensitive, open-minded and ready to respond to any possible situation. Be human with these kids and tell them that you make mistakes and that you're sorry when you've done something wrong. Respect them. Build trust. Develop relationships. Learn from your kids. You're not only a teacher, you're learning, too. Praise them. Don't wait forever to praise them. Be generous and honest with your praise. See yourself through the eyes of your students and what do you see? Ask yourself, do you really want to teach here, in this environment? Above all, you're there to serve these children. That's your mission, goal and job. (Diane)

The teachers' compassionate insights give me hope that we are on our way to creating meaningful educational dialogue that embraces *all* Canadians. Their wisdom and their compassion have allowed me to recover my excitement in teaching. By their sheer example, and through their stories from the heart, these teachers have restored my faith in the power and possibilities of education.

Enseignants
sous leur meilleur jour

Table des matières

Introduction   111

La diversité au XXIe siècle   115

Un mot sur l'auteur   121

Les enseignants   125

La création d'un nouvel environnement d'apprentissage   139

La salle de classe pluraliste   173

Perspectives d'avenir (ce qui nous attend)   207

En guise de conclusion   223

Selon le contexte, les mots écrits au genre masculin peuvent comprendre le genre féminin.

Introduction

C'EST À PARTIR DES histoires et des anecdotes racontées dans cet ouvrage par un groupe d'enseignants travaillant dans diverses écoles au pays que s'est approfondie ma compréhension de la notion de diversité. Ces histoires illustrent à quel point il est important de transmettre des connaissances avec compassion, et avec un esprit et un coeur ouverts. La question de la différence est automatiquement présente à l'esprit dès qu'on parle de diversité. Vivre de façon significative avec cette diversité, c'est accepter, non seulement les défis qu'elle propose inévitablement, mais c'est aussi (et surtout) procéder à une prise de conscience personnelle et collective de l'enrichissement que nous pouvons en retirer.

Quarante années après que mon père eût accosté au port d'Halifax, j'ai visité cette ville historique de la côte est dans l'espoir de ressentir les premières impressions de mon père arrivant au Canada. Plusieurs journées durant, j'ai parcouru la ville à pied. J'ai arpenté le Musée du Quai 21, ce musée qui souligne l'arrivée d'immigrants au Canada sur une période de quatre-vingt années. Dans le cadre de l'exposition principale du Musée, on y voit une énumération des pays d'origine de ces nouveaux arrivants, une liste impressionnante, que j'ai parcourue avec attention et émerveillement. Je ne pouvais m'empêcher d'imaginer le visage de toutes ces personnes provenant du passé, de diverses contrées à travers le monde, de langues et de religions différentes, et qui, tous, souhaitaient faire du Canada leur nouvelle patrie. Au même moment, par un rapide retour au présent, mon esprit ne pouvait s'empêcher de songer à de nouvelles façons de définir le *vivre ensemble* si, comme citoyens d'un pays, nous souhaitons réellement vivre ensemble. En quelques mots, c'est là l'essence de ma pensée lorsque je parle de l'enrichissement personnel et collectif généré par ce *vivre ensemble*.

Pendant que des nations promulguent des lois visant à restreindre l'immigration, pendant qu'on laisse construire des enclaves sur la base de l'origine ethnique et sociale, pendant que des gouvernements imposent (par inadvertance peut-être) des discriminations de toutes sortes sur une partie de ses citoyens, nous, ici au Canada, nous tentons de donner un sens (si tant est qu'il en existe un) à ce *climat* actuel que nous vivons, plus ou moins chaotique, fruit du multiculturalisme.

On est nombreux à savoir que l'expérience canadienne du multiculturalisme ne s'est pas faite sans heurts, ou sans incohérences, ou sans maladresses. En effet, quiconque souhaite que s'intègrent, en même temps, sur un même territoire, des gens de langues différentes, de traditions séculaires différentes, d'apparence physique différente par la couleur de la peau, qui font référence à des symboliques religieuses ou des coutumes familiales différentes, en vue d'en construire une nation, un pays, rencontre, à coup sûr, un défi semé d'embûches, mais ô combien enrichissant.

Bien sûr, chaque pays possède ses contradictions, et le Canada n'y fait aucunement exception. En quelque sorte, la discrimination est un sous-produit du multiculturalisme. Il est vrai que les comportements actuels des citoyens canadiens face au multiculturalisme sont bien loin des manifestations extrêmes de racisme et d'anti sémitisme qui ont prévalu de façon tout à fait *naturelle* pendant les périodes précédant les conflits de 1914 et de 1939. Ceci étant, toutes proportions gardées, on ne peut garder sous silence certains comportements, certaines décisions et façons de faire qui conduisent aujourd'hui encore à la discrimination. Au cours de ces pages, en racontant leurs interactions avec leurs élèves, les enseignants du groupe rencontrés pour les fins de cette étude vivent ce que tout le monde vit au pays au quotidien avec la diversité. Certes, une réalité à gérer avec doigté, et qui deviendra (on le constatera au cours de ces pages) une source de réflexion sur l'établissement des meilleures pratiques des enseignants en la matière. Ainsi, plus tôt cette *nouvelle* réalité sera intégrée au quotidien, pourrons-nous alors aller au-delà du discours actuel (parfois désincarné, il est vrai) sur la diversité afin de la vivre pleinement.

Les histoires relatées dans cet ouvrage démontrent à quel point on peut apprendre les uns des autres, à l'abri des clairons et des trompettes, et sous le signe de la compassion et de l'ouverture. La co-existence au pays de deux nations fondatrices nous place au confluent de cette réalité multiculturelle, nous offrant ainsi la possibilité de démontrer les défis et les victoires rencontrées dans une société pluraliste et d'agir comme le leader incontestable du discours mondial sur la justice et l'équité dans un monde global. Ce livre est dédié à cette possibilité.

Plutôt que démontrer ce qu'il *faudrait faire* dans les salles de classe, *Enseignants sous leur meilleur jour* entend mettre en lumière ce que les enseignants *font actuellement* dans leur classe. Parce qu'on les oublie souvent, ce livre veut souligner haut et fort les défis du pluralisme auxquels font face les enseignants d'aujourd'hui. Nous avons tous fait preuve de vigilance à la suite d'une erreur: ne devrions-nous pas miser maintenant sur nos bons coups? Malgré le fait de l'incertitude et des doutes qui en surgissent, travailler avec la diversité constitue une tâche immense.

L'objet principal de cet ouvrage est d'examiner les meilleures pratiques, ou, en d'autres termes, d'examiner ce que les enseignants font de *bien* dans leur classe. Trop souvent le discours officiel sur la diversité est ponctué de commentaires parfois poncifs sur ce qu'il *faudrait faire*, peu de place étant accordé aux petites victoires faites au quotidien, souvent les plus difficiles. C'est ainsi que *Enseignants sous leur meilleur jour* entend traiter de ces petites victoires du quotidien. Lorsque les défis de la diversité sont abordés avec ouverture et compassion, ces petites victoires deviennent source d'inspiration. C'est mon intime conviction qu'un examen des meilleures pratiques s'impose vu l'importance qu'elles prennent dans un dialogue sur la diversité. A priori, on pourrait croire que les enseignants ayant participé à cette étude confinent leurs façons d'enseigner entre les murs de leur salle de classe. En fait, leurs façons d'enseigner sont le reflet de leurs valeurs et de leurs convictions personnelles, cumulées à leurs connaissances professionnelles. En somme, devenir un enseignant pluraliste représente une expérience de vie. Ainsi, j'espère que les réflexions des enseignants ayant accepté de participer à cette étude seront un point de départ en vue de discussions éventuelles sur la portée d'une pensée pluraliste sur l'expérience humaine et sociale d'un citoyen au sein d'une société juste et démocratique.

Ce fut pour moi un privilège de côtoyer ce groupe d'enseignants. Je souhaite leur avoir rendu pleinement hommage.

La diversité au XXIe siècle

C'EST À PARTIR DU siècle dernier que des immigrants ont quitté leur pays pour être accueillis par des pays occidentaux, ces derniers étant davantage accoutumés aux débats fort polarisés sur les luttes de classe et le féminisme. Aujourd'hui, on parle d'identité nationale, et c'est justement la question de la diversité qui se situe au confluent du débat sur notre mémoire collective, de notre système d'éducation et de la démocratie. En effet, c'est le débat actuel sur l'identité nationale qui nous force à s'interroger sur la question de l'accès à l'instruction publique obligatoire pour tous. C'est aussi ce débat qui incite à vouloir appliquer autrement certains principes directeurs de notre sytème démocratique actuel. Force est de constater donc que ce débat, en cours depuis les dernières décennies, a été principalement porté sur la place publique à cause de l'existence même dans notre pays d'une diversité. Je vous annonce que les paris sont ouverts, et la question qui tue est: qui, dans notre société, possèdera la légitimité nécessaire pour déterminer ce qu'est vraiment, profondément, notre identité nationale?

Ce débat semble bien loin de s'éteindre: en effet, n'ayant pas eu la voix au chapitre de l'éducation supérieure et n'ayant pu participer à la direction des débats politiques des dernières décennies, certains groupes minoritaires issus de la diversité font maintenant entendre leur voix en même temps qu'ils intègrent en plus grand nombre différents secteurs d'activité. Jadis subordonnées à la pensée de la *majorité sociale et culturelle*, les minorités exigent maintenant que des outils et des ressources soient mis à leur disposition pour leur permettre de mieux s'intégrer au sein de notre société.

Si les élèves issus de la diversité sont censés apprendre à prendre des risques dans la vie, si ces élèves sont censés jouer un rôle de citoyen au sein de notre société démocratique, alors ils doivent être les témoins des réflexions et des agissements de leurs enseignants avec la diversité.

Si la diversité est synonyme de développement de la richesse d'un pays, il m'apparaît primordial qu'on valorise le rôle des enseignants qui apprennent à leurs élèves le rôle qu'ils vont jouer dans une société ouverte à la diversité. En qualité d'enseignants, nous devrions rechercher ce qui nous *unit* dans nos *différences*, et contempler l'universel dans l'unicité. Une fois cette recherche mise en marche, le dialogue enseignants/élèves gardera le cap sur la richesse de nos différences et la valeur de ce que nous avons en commun, de ce que nous partageons.

Notre société ne peut que s'enrichir au contact d'autres cultures. Un changement s'opère, dans lequel toute différence par rapport à l'autre (par la culture, l'origine ethnique, les croyances religieuses, le genre ou la classe sociale) ne sera plus l'objet d'une *tolérance*, mais constituera plutôt un maillon de la vie démocratique, voire *un élément venant renforcer les principes mêmes de la démocratie*.

Il est un fait que le paysage social et culturel de plusieurs pays se transforme par l'apport du multiculturalisme et du multiconfessionnalisme. Mais, dites-moi, dans un pays qui se dit une terre d'accueil pour tant d'immigrants, comment convaincre une diaspora de la *valeur réelle* de la traditionnelle semonce: « c'est comme ça qu'on fait ça ici...? » N'y-a-t-il pas là une forme de contradiction? Comment faire alors? Le défi que nous vivons tous, collectivement, est d'arrimer une certaine transformation des valeurs, des croyances et des comportements de tous *sans compromettre* les principes fondamentaux du pays d'accueil. La résultante de cette transformation collective pourrait bien être la création de nouvelles façons de faire sur la base de nos différences ethniques, culturelles ou confessionnelles. Ce *nouvel* espace pourrait devenir un véritable *bouillon de culture*.

Lorsqu'on ne correspond pas à une norme, ce n'est pas nécessairement parce qu'on a une lacune ou une faiblesse. Pourquoi ne serions-nous pas plutôt différents, tout simplement? Y aurait-il un droit à la différence? Si à cette question, nous répondons oui, peut-être pouvons-nous faire l'hypothèse que nous avons une certaine ouverture. Lorsque des personnes, de cultures et de croyances différentes des nôtres, occupent un endroit du territoire et en font leur domicile, nous sommes inévitablement contraints à nous interroger sur les notions d'équité, de réciprocité dans les acquis, de distribution des ressources, du contrat/consensus social/politique, et nous passons au crible comment chacun de ces concepts se négocie à chaque jour par les individus et par les pays.

Les incitatifs au dialogue

Le processus de la socialisation est à ce point complexe qu'il est difficile d'imaginer qu'on puisse nier l'existence même de contextes ou de réalités sociales qui soient différents des nôtres. Or, il semble bien que pour certains esprits, si on ne les a pas vécues, c'est que ces réalités n'existent tout simplement pas, et que la meilleure façon de penser est encore la nôtre. Même si, pour résister au passage des siècles, on peut reconnaître les effets rassembleurs d'une certaine dose d'ethnocentrisme pour la survivance d'une communauté, un tel degré d'expression d'ethnocentrisme pourrait devenir un sérieux obstacle si on voulait interagir avec des personnes issues de la diversité, par exemple dans un contexte de travail.

Placés en contexte de dialogue interculturel, lors d'une rencontre ou d'un échange avec une personne d'une communauté culturelle ou d'une religion ou d'une ethnie différente de la nôtre, nous reconnaissons spontanément, naturellement, que nous possédons nos propres façons de faire, que nous avons nos propres codes sociaux. Si nous ne ressentons pas une certaine compréhension de la part de l'autre, il est possible que surgisse alors chez-nous un sentiment de déception ou de désillusion. Ceci étant, un réel dialogue interculturel ne peut avoir lieu que si les parties demeurent dans le non jugement, en tentant de comprendre les motivations de l'autre, et en acceptant pleinement les manifestations de ces motivations (par les actions, le comportement). Chacune des parties devra faire preuve d'écoute active face à l'autre. En revanche, nous croyons que la personne qui appartient à la majorité sociale et culturelle, et par le fait même qui semble dotée d'une certaine autorité culturelle, devrait prendre une plus grande part de responsabilité dans l'initiative du dialogue interculturel. Plus nos échanges sont authentiques et sincères, moins nous serions enclins à la méfiance et à la crainte du rejet à cause de nos différences.

En somme, nos points communs peuvent devenir synonymes d'inclusion parce qu'ils deviennent générateurs d'infinies possibilités de dialogue interculturel. Quoique ses méandres demeurent encore à explorer, reconnaissons la force et le pouvoir enrichissant du pluralisme.

Dans le cadre d'un dialogue interculturel significatif, une expression de cette force est le sentiment de responsabilité citoyenne et communautaire qui nous envahit. Plutôt qu'envisager nos différences comme une déficience ou un problème qu'il faut régler, ne devrions-nous pas commencer à reconnaître nos différences comme une nouvelle source de créativité et de force? À force d'exprimer notre volonté d'ouverture, nous pourrions apprécier le monde sous un autre jour.

Bien sûr, il arrive plus souvent qu'autrement que sévisse une certaine ambiguïté, corrolaire souvent inévitable du pluralisme. Cette ambiguïté peut provenir de l'incertitude générée par des émotions nouvelles, suscitées lors de situations inhabituelles ou dans le cas de situations avec lesquelles nous ne sommes pas accoutumés. Nos perceptions et nos interprétations de ce qui se passe réellement au cours de telles situations est également un facteur qui peut contribuer à cette impression d'ambiguïté. En effet, évaluer une problématique à l'aulne d'une personne ayant des valeurs différentes que les nôtres peut entraîner une remise en question de certaines de nos valeurs et cela peut contribuer à cette impression d'ambiguïté.

Dans le cadre d'un dialogue interculturel, une autre façon d'entrer en relation consiste à trouver les points communs. Une autre façon de réagir est de reconnaître notre sentiment intérieur de respect envers la *race humaine* qui fera que nous pourrons transférer/importer notre sentiment de dignité et de respect dans toute situation à laquelle nous ne sommes pas accoutumés. Malgré une simplicité qui frôle l'évidence, on peut dire que le concept de traiter l'autre comme nous souhaiterions l'être nous-mêmes est vraiment la pierre angulaire de toute interaction significative. Quoique ce concept remonte aux temps immémoriaux de Moïse et de Confucius, il s'avère d'autant plus évocateur dans une société pluraliste. J'ai donc voulu comprendre les causes de la polarisation actuelle du *nous* et du *eux*. S'agit-il d'un prétexte pour justifier le côté sombre du racisme, de l'inégalité raciale, de la discrimination? Car, ne devient-il pas difficile de causer un préjudice à ma personne lorsque vous me percevez comme une partie de vous-même? De même, il est peu probable que j'ai des pensées malveillantes à votre égard si je crois que vous êtes une partie de moi-même. À mon avis, les liens d'interdépendance dans les relations contribuent à éloigner l'idée du *nous* et du *eux*. Lorsque l'égo est mis en sourdine, c'est comme si toute notre personne se mettait au repos et cessait d'exister pour un moment. Nos sentiments personnels revêtent moins d'importance, notre identité et nos croyances ne se retrouvent plus à l'avant-plan. Lorsque nous rencontrons une personne qui est différente de nous, la seule façon de demeurer ouvert à cette personne, c'est de laisser tomber son sentiment de supériorité qui vient avec la conviction irrévocable de ses certitudes. Si nous percevons cette personne comme nous étant inférieure ou de qualité moindre, le dialogue et la communication ne pourront être vrais et le dialogue interculturel n'aura pas lieu.

Pour plusieurs d'entre nous, nous sommes accoutumés aux usages et coutumes de la majorité sociale et culturelle. En revanche, pour un nouvel arrivant ou une personne nouvellement reçue comme citoyenne canadienne qui apprend à s'intégrer et à appartenir à un groupe, cela peut être une expérience ardue et difficile. La façon dont un peuple reçoit une personne qui est différente de soi est davantage révélatrice d'une société que cela ne l'est sur la personne qui est différente. Nous avons tous le choix de répondre à la différence, soit par l'indifférence, le mépris, la méfiance, ou la curiosité, la solidarité et l'ouverture.

Un mot sur l'auteur

Nos capacités de transmettre des connaissances et d'en apprendre de nouvelles est à l'image de qui nous sommes, en tant qu'enseignant et en tant que personne. Au centre de notre vie gravitent des principes, des valeurs et des certitudes aux travers desquels nous bâtissons notre personnalité. Lors du développement de notre personnalité dans le cadre familial et par les perceptions des autres, ces valeurs et ces certitudes deviennent les outils par lesquels nous abordons le monde qui nous entoure. La perception que j'ai de moi-même est le fruit de mes expériences passées, de l'analyse que j'en ai faite, des croyances auxquelles j'ai adhérées et des valeurs que j'ai choisies. Ce que je connais du monde provient des expériences que j'ai vécues au cours de ma vie. Je suis le fruit de ma culture et j'ai appris à percevoir la réalité du point de vue des valeurs dont j'ai été imprégnée. En m'interrogeant sur ce qui m'a forgée comme personne, et en procédant à son analyse (même sommaire), je révèle l'essence même de mon identité. Ce faisant, je deviens une formatrice qui se veut sous son meilleur jour. En somme, je ne diffère pas vraiment de nombreux élèves dans nos salles de classe.

Une enfant d'immigrants

En faisant l'expérience de deux façons distinctes d'appréhender le monde, je rencontre sur mon chemin de nombreuses dissonances. J'ai des réticences à épouser une seule culture, entre le cocon familial provenant de la paysannerie d'Italie du sud, et une culture nord-américaine généralisante et urbaine à l'extérieur du domicile. Mon sentiment d'appartenance à chacune de ces deux cultures influence mes pensées et mes actions. La langue et la culture propres à chacune de ces cultures façonnent ma vie. Elles tissent chacune leur toile vernaculaire au travers mes rôles de fille, de mère, d'épouse, de soeur, d'amie et de professionnelle.

Pour moi, l'appartenance à une nouvelle culture qui engloberait l'ancien pays tel que le conçoivent mes parents et le nouveau pays représenté par la société canadienne contemporaine a toujours été un processus compliqué. En tant qu'enfant d'immigrants, j'ai souvent tenté de réconcilier l'irréconciliable: la maison familiale avec l'école, le privé avec le public. Déjà toute petite, j'avais à faire des choix entre la famille et l'école. Ce qui m'a conduit inévitablement à choisir entre l'appartenance à une communauté ou l'atteinte de mes objectifs par moi-même. Entre les deux, un schisme grandissant s'ouvrait, béant, causant une grande part de la tristesse et de la solitude que j'ai vécue en tant que néo-canadienne de première génération. Mais ce schisme, cette dualité, a aussi contribué à m'instruire sur la richesse d'un monde biculturel. Quoique, aujourd'hui, je suis fière de mes capacités à interagir au sein de deux cultures distinctes, je dois avouer que la pensée de renier la culture et la langue familiales m'a souvent traversé l'esprit.

Les enfants d'immigrants apprennent à vivre dans deux mondes dans lesquels leurs repères varient selon la culture donnée. En tant que néo-canadienne de première génération, je n'appartiens à aucune culture. Au fil du temps, j'ai appris à moduler les aspects de ma culture italienne afin de la faire valider et accepter par l'*autre* culture. Bien sûr, je n'ignorais pas que plusieurs enfants d'immigrants partageaient la même situation que moi et il arrivait parfois que cela me rassure. Par contre, avec le temps, je délaissais silencieusement ma première culture pour m'adapter à la culture canadienne dominante. Je crois que ce phénomène de délaissement de sa culture familiale correspond au vécu d'un grand nombre de canadiens de première génération puisqu'ils se heurtent à des dualités culturelles souvent opposées. Les nouveaux arrivants qui tentent de s'intégrer à leur terre d'accueil ont une perception de leur monde familial comme étant la seule façon d'être et de vivre. Quant à leurs enfants nés en terre d'accueil, ils en connaissent au moins deux. Pour chaque décision du quotidien, nous sommes plongés dans un processus de négociation avec nous-mêmes parce que chacune de ces deux cultures souhaite notre adhésion sans faille. En mon for intérieur se trouvent encore les stigmates laissés par le bouillonnement émotionnel causé par le choc des deux cultures et l'expression de leurs valeurs respectives. Étrangement, c'est ce conflit intérieur qui est la source de mon travail, qui l'a nourri, de sorte que je puisse poursuivre mon travail pour que les enfants issus de deux cultures reconnaissent, acceptent et valorisent leur contribution dans nos écoles.

Posséder deux cultures nous force à faire des choix. Lorsque vient le moment de faire un de ces choix, de vives émotions peuvent nous envahir: la colère, la culpabilité, la joie, la fierté ou un sentiment de force intérieure. Dès mon plus jeune âge, j'ai commencé à élaborer diverses stratégies, dans un effort d'étouffer ultimement mon désordre intérieur. Ainsi, j'ai souhaité devenir un membre exceptionnel de la société canadienne. Ceci m'a portée à faire le silence autour de ma vie privée et personnelle aussitôt que la porte de la maison se fermait derrière mes talons et que j'empruntais le chemin de l'école. Je suis devenue appréciée pour mes talents d'adaptation de comportement afin de répondre aux attentes de la société canadienne, ou du moins à ce que j'en percevais. Il m'arrivait souvent d'écouter les discours de mes parents sur les raisons qui ont motivé leur arrivée au Canada, la vie qu'ils y ont menés, séparés pour toujours du vieux continent, et étrangers dans le nouveau monde. Ceci étant, je réalise que mes origines biculturelles ont fait de moi une personne flexible, ouverte et créative.

∽

Être une femme

En tant que femme élevée dans une culture familiale plutôt traditionnelle, les attentes envers moi étaient que je me marie et que je devienne une mère. Que j'obtienne une formation supérieure et que j'ai une carrière n'étaient pas des atouts obligatoires. J'ai été souvent tiraillée entre les attentes de ma culture familiale et la réalisation en tant que femme de mes propres besoins, de mes propres aspirations. J'ai dû travailler avec davantage d'acharnement que les hommes de ma tradition culturelle d'origine pour en fin de compte en recevoir une bien maigre reconnaissance. J'ai vécu entourée de cet écrasant rouleau compresseur que représente l'obligation absolue, la valeur suprême: m'engager sans failles, sans faiblir, sans autre aspiration, dans la vie de couple (par le mariage) et la maternité. Quoiqu'aujourd'hui, par de multiples façons, j'ai fait la paix avec ma culture familiale, je sais que j'ai rejeté certains aspects d'une culture qui relègue souvent la femme au second plan. En effet, j'ai voulu m'éloigner d'un destin que certains avaient choisi pour moi.

Lorsque, attablés dans la cuisine, on discute en famille, on ne parle pas souvent, hélas, de mes réalisations. J'ai souvent l'impression que ces discussions ne sont pas intéressantes et, donc, ne valent pas vraiment la peine. Dans ma culture familiale, la valorisation accordée par le groupe à une femme ne concerne pas son parcours académique, mais le soin qu'elle apporte à son foyer. À la maison, je dessers la table et prépare le café pour mes oncles. À l'extérieur de la maison, je confronte les préjugés des gens et informe les immigrantes de leurs droits. Il arrive bien sûr qu'une trop grande dissonance se fasse entendre face aux réalisations de ces deux parties de culture composant la même femme. Je sais que plusieurs jeunes filles dans nos classes tentent de résoudre par elle-mêmes les mêmes dilemnes. Je veux leur dire qu'elles doivent affronter leurs dragons un à la fois, et qu'avec le temps, leur détermination l'emportera.

Comme je précisais plus haut, j'ai grandi dans un environnement familial où peu d'options s'offraient à une jeune fille de culture traditionnelle. Aujourd'hui, je fonde de grands espoirs sur les possibilités qu'auront les jeunes femmes à faire leurs propres choix personnels. Au sein de cet environnement familial plutôt traditionnel, ma mère et ma grand-mère ont chacune joué un rôle de modèles, de mentors. À l'extérieur de cet environnement, à ma grande stupeur, j'ai rencontré très peu de modèles.

Je vous raconte ici une anecdote: lors d'une entrevue, une des étapes des conditions d'admissibilité à la Faculté de l'éducation de l'Université de Toronto, on m'a priée de répondre à un certain nombre de questions portant sur des valeurs et des attitudes par rapport au système scolaire. Plusieurs questions requéraient quelques secondes de réflexion avant d'y répondre. Pour ma part, à toutes les questions je répondais sans aucune hésitation jusqu'à temps qu'on me pose la question suivante: « Qui vous a servi de mentor? » À cette question, je me suis mise à marmonner, tête baissée, quelques mots pour le moins confus, avant de poursuivre l'entrevue. J'ignorais ce jour-là que cette question épineuse serait au coeur de mon travail, par le constat de la relative absence de modèles féminins à l'extérieur du milieu familial plutôt traditionnel. Je souhaite que cet ouvrage puisse permettre à des femmes de redéfinir pour elles-mêmes les paramètres de leur identité, de comprendre les choix et les orientations de vie qu'elles feront, d'en comprendre également les conséquences. Ultimement, ces femmes affronteront leurs démons personnels afin de vivre pleinement leur vie.

Les enseignants

Pour qui souhaite comprendre l'enseignement, il faut d'abord connaître les enseignants eux-mêmes, leurs expériences, leurs réalisations. D'entrée de jeu, je vais vous présenter les enseignants qui ont bien voulu participer à cette étude et décrire leurs valeurs, leurs familles, et l'aboutissement de leurs rêves et leur vision pour l'avenir.

Pour bien comprendre la nature du travail des enseignants et leur environnement de travail, il faut d'abord examiner le contexte social dans lequel l'enseignement se fait aujourd'hui. Nul besoin de dire à quel point les changements se font à un rythme accéléré dans notre société. L'innovation technologique, les restructurations économiques, l'omniprésence des médias sociaux ne sont que quelques exemples de bouleversements ayant contribué à transformer notre société et, bien sûr, à transformer l'environnement social actuel dans nos écoles. Ajoutons à ces changements, les rôles inversés au sein des familles, la violence qui continue au petit écran, la différence entre les élèves d'aujourd'hui et ceux d'il y a vingt ans à peine est radicalement différente et on peut donc affirmer que le contexte social actuel constitue un défi majeur pour les enseignants.

Les élèves dans notre société vieillissent plus rapidement: ils savent qu'ils ont des droits; ils jouissent d'une liberté accrue et d'un plus vaste bagage de connaissances. Tout cela s'explique par une plus grande mobilité, la possibilité de voyager, l'omnipotence de l'internet, les jouets éducatifs et interactifs. Par conséquent, ce bagage de connaissances peut être fragmenté, non structuré ou non intégré, et ce de façon complètement aléatoire. Par ailleurs, les élèves d'aujourd'hui sont plus ouverts, plus déterminés, plus indépendants. Bien sûr, tout cela varie selon le contexte social en cause, mais on peut affirmer sans trop de généralités que, de façon générale, les élèves sont moins respectueux envers le milieu scolaire, et n'hésitent pas à exprimer du mécontentement, voire un certain mépris, envers leur école. En somme, de façon générale, la jeunesse d'aujourd'hui est exposée à des dynamiques familiales en transformation, à l'emprise des médias sociaux, à un environnement où règne la violence en tout genre, dans lequel les drogues sont facilement accessibles, où sévit la possibilité de commettre des actes criminels facilement, et où l'activité sexuelle a lieu très tôt. Un contexte social où l'enseignement devient complexe.

Mon objectif de recherche derrière les rencontres avec le groupe de huit enseignants provenant de divers profils linguistiques, culturels et ethniques était de comprendre comment les enseignants d'aujourd'hui font-ils face aux défis actuels au sein de leurs classes à Montréal, auprès de leurs élèves et au sein de la communauté en général. Ces enseignants, francophones, anglophones et allophones, ont été choisis, non pas sur la base de leur appartenance à un groupe ethnique particulier, ou à celui d'une classe sociale, ou à savoir s'ils sont homme ou femme, ou leur niveau scolaire, mais sur la base de leur *niveau d'intégration/immersion* au sein de la diversité de leur école, et comment ils se sont *adaptés au gré du temps* au contexte évolutif de l'enseignement. Dans cette ville bilingue qu'est Montréal, les immigrants et les réfugiés contribuent à créer une mosaïque sans cesse renouvelée et mouvante.

Pour réaliser cet ouvrage, plutôt que travailler avec un important échantillon d'enseignants, j'ai choisi de retenir un petit groupe d'entre eux. Plutôt que procéder à la collecte, l'analyse de données et de sondages provenant d'un grand nombre d'enseignants dans l'espoir de décoder le profil type de l'*enseignant modèle*, je trouvais plus pertinent, pour aider à comprendre en quoi constitue l'enseignement à la diversité, que cette recherche serve d'études de cas d'enseignants *ayant démontré* leur engagement envers notre système éducatif. Les huit personnes retenues ont été choisies, non pas sur la foi des conclusions de commissions d'étude, de lignes directrices ministérielles ou d'instituts de recherche, mais sur la base de leur engagement *quotidien* et de leur compréhension *concrète* de l'impact de leur enseignement.

Au fil des pages qui suivent, je me ferai un plaisir de vous présenter les enseignants de Montréal qui, comme je vous le précisais, proviennent de classes sociales et de groupes ethniques et linguistiques tous différents les uns des autres. D'une certaine façon, ces enseignants reflètent le phénomène global de la diversité que vit notre société. Chacune des femmes et des hommes présents dans cet ouvrage cumulent entre dix et quarante ans d'expérience en enseignement. Ils partagent avec nous leur savoir-être/savoir-faire pour nous démontrer comment ils ont su/dû s'adapter à leur environnement en perpétuel changement. Plus de deux années de travail ont été requises pour approfondir la réalité de ces enseignants; cet approfondissement s'est effectué par des entrevues individuelles, des séances d'observation en classe et la tenue d'un journal de bord.

Au cours des entrevues, mon objectif principal a été de rechercher un sens, une signification à leurs techniques d'enseignement. En observation, j'ai encouragé les enseignants à faire valoir la riche palette des nuances et des subtilités présentes dans leur travail. Par l'observation *in situ*, mon objectif était de voir les enseignants à l'oeuvre afin de contribuer à ma compréhension de comment sont-ils devenus ce qu'ils sont aujourd'hui. Les séjours en classe m'ont permis d'apprécier leur méthode de transmission de connaissances, avec un intérêt particulier pour les diverses problématiques présentes au sein des classes pluralistes. La tenue d'un journal de bord m'a permis d'explorer la planification du contenu éducatif et l'analyse de son évolution, la gestion de la classe et la stratégie pédagogique. La tenue d'un journal de bord s'est avéré un excellent outil de réflexion active afin que les enseignants développent une conscience plus aiguë de leurs propres pratiques. Le journal de bord nous a servi de forum de discussion afin de cerner les questions les plus fréquentes liées à la diversité dans nos classes.

Les enseignants qui ont du talent, on en trouve dans toutes les tailles, sous toutes les formes, dotés d'aptitudes et de personnalités diverses. L'enseignant est le pivot central de la classe dont il a la charge. Du coup, il me semble qu'il est important de connaître comment font les enseignants pour développer leur identité propre d'enseignant au cours de leur carrière afin d'arriver à comprendre comment font-ils pour que la classe et l'école deviennent un lieu valorisant d'apprentissage. Je souhaite que, tout comme moi, vous mesuriez la force intérieure de ces enseignants, leur compassion et leur aptitude à gérer le changement, et que ceci vous inspire à poursuivre votre propre quête de répondre aux besoins des élèves.

Marie

C'est tout à fait par hasard que Marie arrive au Canada. Après avoir complété des études en France pour devenir enseignante d'anglais, elle accepte un poste d'enseignante pour une année en Angleterre. Tout juste avant son entrée en fonction, quelqu'un mentionne à Marie qu'on cherche à combler des postes d'enseignants au Canada. Malgré le fait que le Canada se trouve bien plus éloigné de la France que ne l'est l'Angleterre, Marie décide de poser sa candidature; après tout, se dit-elle, la durée du poste au Canada n'est que pour une année.

Après avoir appris qu'elle est embauchée pour le poste au Canada, Marie arrive à Winnipeg, disposée à commencer son nouveau travail. Il se trouve qu'au Manitoba, les opportunités d'enseigner en français étaient plus nombreuses que celles d'enseigner en anglais. Marie enseigne donc le français langue seconde à l'Université du Manitoba. Elle enseigne également dans des écoles secondaires à des étudiants qui n'étaient pas, comme elle se plaît à le dire, particulièrement intéressés à apprendre la langue de Molière. Deux ans plus tard, Marie enseigne l'enseignement des langues au sein d'une entreprise nationale à Winnipeg où travaillent un grand nombre de personnes originaires de Trinité et Tobago, du Pakistan et de l'Inde. Ce travail a été sa première expérience d'enseignement dans un environnement multiculturel. Quelques années plus tard, pour cause du transfert de son conjoint, Marie emménage à Montréal. Vu ses expériences antérieures au Manitoba, Marie se trouve un travail d'enseignante plutôt rapidement.

J'adore l'enseignement. Pour moi, il s'agit là d'une condition essentielle pour quiconque souhaite enseigner, mais ce n'est pas toujours le cas. J'apprécie tout particulièrement la dimension sociale de mon travail. Je ne suis pas simplement une enseignante. Pour ces enfants, je suis également une travailleuse sociale, une infirmière, une psychologue, une mère et un père. Si je n'étais pas devenue enseignante, je serais devenue travailleuse sociale. J'ai toujours été convaincue de cela.

Lorsqu'on travaille avec des élèves, on reçoit beaucoup en retour. Même si c'est difficile, je ne changerais jamais de travail. Je suis sensible aux questions ayant trait à la séparation, au changement; mes parents se sont divorcés et j'ai quitté ma famille pour venir au Canada, ce qui veut dire que j'ai dû quitter tous mes proches.

John

Lorsque je rencontre John, il me demande de deviner l'endroit où il est né. Avant même que je ne puisse lui répondre, John rétorque qu'il est né sur une île.

Lorsque je dis que je suis né sur une île, les gens croient que je suis né ailleurs qu'au Canada. En me regardant, ils se disent que je dois venir de la Jamaïque ou la Barbade, et non que je suis né à Montréal ou au Canada.

John grandit parmi ses deux frères et deux soeurs dans un quartier déshérité de Montréal. Son père travaille pour le Chemin de fer Canadien Pacifique comme bagagiste. Selon John, son père est particulièrement intelligent. Ce dernier est originaire de la Guyane doté d'une kyrielle de talents. Bien qu'il ait été imprimeur en Guyane, il n'a pu pratiquer son métier au Canada, les quotidiens refusant de lui accorder cette opportunité. Il travaille donc comme simple bagagiste.

Mon père qualifiait son travail d'esclavage du XXe siècle. En fait, son travail consistait à faire les lits et nettoyer les chaussures des gens. La nature de son travail l'a attristé tout au long de sa vie car il savait qu'il aurait su faire mieux. Il nous disait souvent à quel point aucun de ses enfants ne ferait un tel travail. Il considérait son travail comme de l'esclavage légal.

La mère de John fait des ménages. Quoiqu'elle est intelligente, elle n'a aucune formation. Néanmoins, elle sait lire, développer une pensée, ne *tourne pas autour* du pot et sait aller droit au but. De sa mère, John a appris le respect. D'elle, il apprend à connaître les personnalités noires du monde politique et autres ainsi que le sens de l'éthique. La mère de John avait un principe que ses enfants devaient respecter à tout prix, soit de traiter les autres comme on souhaite se faire traiter à notre tour. John se souvient avoir joué au hockey, enfant, dans les ruelles et avoir été impoli envers une voisine qui passait tout près. Le soir venu, la voisine communique avec la mère de John et lui explique comment John l'a interpellé. John a eu droit à une remontrance de sa mère qui n'a pas attendu pour lui faire savoir ce qu'elle pensait. « Traite les autres comme tu souhaites te faire traiter à ton tour », disait-elle....

Après quelques années de travail en usine, John décide de devenir enseignant. Pendant ses années d'études à l'université, il oeuvre comme travailleur de rue dans le quartier ouvrier de la Petite-Bourgogne à Montréal. Ses tâches consistent à superviser un groupe de jeunes enfants de la fin de la journée scolaire jusqu'au moment de leur retour à la maison à 19h30.

J'ai commencé à enseigner parce que je pense que j'ai le tour avec les enfants. En fait, j'ai toujours eu le tour avec les enfants. Je me rappelle lorsque j'étais célibataire vivant dans St-Laurent. Plusieurs enfants me connaissaient, et, parfois, le samedi matin, un groupe d'enfants venait frapper à ma porte. Mon colocataire allait répondre et les enfants lui disaient: « Est-ce que John peut venir jouer avec nous? » Les enfants me disent tout. Ils me racontent des choses avant même qu'ils aillent en parler au directeur de l'école. À la dernière école où j'ai travaillé, certains enfants en ont tiré profit. Si quelque chose se passait, j'étais immédiatement mis au courant et je pouvais régler la situation aussitôt.

Je viens d'un quartier déshérité. Je sais comment ça marche. Lorsque j'ai commencé à enseigner, j'ai souhaité travailler dans un environnement socialement et économiquement défavorisé parce que je savais comment je pouvais faire des choses. D'ailleurs, je suis né tout près d'où j'enseigne.

❧

Diane

Les parents de Diane sont nés en Grèce, tandis que Diane, elle, est née dans les Maritimes. Dès son plus jeune âge, elle a le malheur de perdre son père puis son frère unique. Pour faire vivre sa famille, sa mère travaille comme couturière. Diane grandit dans une ville de cent mille habitants où vivent peu d'immigrants à cette époque et quelques rares familles d'origine grecque. Diane n'a jamais cru que son enfance était différente de celle des autres enfants de son âge, jusqu'au jour où elle travaille avec des enfants issus de communautés culturelles diverses. À cette époque, elle commence à mieux comprendre ces enfants.

À l'école, j'étais la seule non anglophone et j'ai vécu la même situation à l'école secondaire. Je me sentais à l'aise parce que je n'étais pas montrée du doigt à cause de ma différence par rapport aux autres. En revanche, j'avais certaines difficultés à cause de mon nom qui était difficile à prononcer. Aussi, les fêtes étaient soulignées différemment. Je devais expliquer que je n'étais ni catholique ni protestante. Puis, il y avait aussi la nourriture de tous les jours pour moi mais qui était différente de celle des autres enfants. Je ne voulais pas que les autres enfants m'entendent parler grec. Tout cela a contribué à réduire mon vocabulaire et ma capacité à parler grec.

Diane complète une demande d'admission à une université canadienne afin de poursuivre ses études en sciences. Lorsqu'elle est admise, elle décide de quitter les Maritimes pour de bon. Une fois ses études complétées, elle enseigne comme suppléante pour une année. Lorsque l'enseignant responsable de la classe quitte l'école, on lui demande d'enseigner à temps plein en remplacement de cet enseignant. L'été suivant, Diane s'inscrit dans une formation accélérée d'enseignant, formation qu'elle suit assidûment pendant trois étés consécutifs. Très tôt dans sa carrière, elle épouse un homme d'origine grecque, avec qui elle a un enfant. L'ensemble de sa carrière est réalisé dans une école élémentaire d'une grande ville, dont six années à titre d'enseignante, six autres années comme directrice adjointe, puis comme directrice pendant les dix-huit années suivantes.

Lorsque je suis arrivée à cette école, j'ai réalisé que les enfants ne voulaient pas qu'on les entende parler une autre langue craignant d'être l'objet de railleries. J'ai travaillé longtemps au sein de cette école, à titre d'enseignante puis de gestionnaire. À mes débuts, la clientèle était principalement composée de chinois et de grecs et ces deux cultures se complétaient bien l'une l'autre. On peut dire en quelque sorte que c'était le mélange parfait entre le tranquille et le turbulent. Les chinois s'exprimaient en chinois, mais ils s'exprimaient en chuchotant comme pour ne pas être entendus et être l'objet de moqueries de la part des autres élèves. J'ai compris ce qu'ils vivaient parce que je l'avais vécu.

Plus petite, je ne disais pas à ma mère qu'il y avait des rencontres de parents à l'école parce que je ne voulais pas qu'elle s'y présente. Ce qui fait que ma mère n'a à peu près jamais « mis les pieds » dans mon école. Pour des raisons évidentes, je me suis sentie proche des élèves chinois et je me donnais le défi de les rendre fiers de leur langue et leur culture. Lorsque je suis nommée directrice, nous avions à ce moment-là à peu près la même clientèle, une clientèle chinoise et une clientèle grecque, ainsi que d'autres clientèles provenant de cultures diverses, et je me disais: « Comment vais-je faire pour réaliser cela? » Nous avons commencé à mettre en place mon objectif de rendre les élèves fiers de leur langue et leur culture il y a maintenant dix-huit ans de cela. Cela semble bien loin aujourd'hui. Nous n'y sommes pas arrivés du jour au lendemain.

Nadine

Nadine est à peine âgée de vingt-et-un ans lorsqu'elle arrive au Canada afin de poursuivre des études en musique. Nadine est la benjamine d'une fratrie de sept enfants. À cette époque, les universités canadiennes sont hautement prisées puisque le système universitaire canadien s'apparente à celui de l'Angleterre. La famille de Nadine originaire de la Jamaïque a de l'admiration pour le système universitaire britannique. Le père de Nadine meurt lorsque cette dernière est très jeune. Elle vit donc avec sa mère et sa fratrie dans un petit village situé dans les collines et éloigné des grands centres urbains de la Jamaique. Les enfants apprennent à devenir autonomes rapidement. Sur la ferme où ils vivent, ils ont tout ce dont ils ont besoin. Lorsque vient le temps d'aller à l'école, les enfants doivent se rendre à la ville la plus proche. Le père de Nadine a toujours dit à chacun de ses enfants de faire un métier qui donnerait du bien aux autres, et sa mère disait de faire un métier qui les rendrait heureux. Nadine choisit la musique, mais l'enseignement a eu raison de Nadine.

En ces temps-là, il était difficile d'obtenir un diplôme en Jamaïque. Il n'y avait ni faculté de droit ou de médecine. Alors, j'ai voulu aller au Canada. Plusieurs de mes frères et soeurs ont choisi d'étudier en Angleterre. J'ai toujours voulu être musicienne. J'ai commencé à enseigner afin de combler mes revenus, et peu de temps après, j'enseignais à temps plein. Je crois qu'on peut dire que l'enseignement m'a trouvée.

Nadine est enseignante à la maternelle depuis plus de quarante ans. À son arrivée au Canada pour entamer ses études universitaires, elle constate que plusieurs personnes autour d'elle croient que sa formation est plutôt médiocre. Mais Nadine ne tient pas compte de ces remarques et maintient le cap qu'elle s'est fixé.

Je suis arrivée au Canada au mois de septembre et déjà il faisait froid. Je ne craignais pas d'y venir seule. J'imagine que cela était dû à mon éducation où, du petit village éloigné où j'ai grandi, on nous a appris à être autonomes. Je pensais que j'étais prête à faire face au froid canadien, armée de nouveaux bas, une jupe, une veste et un manteau en lainage. Mal m'en a pris car la température glaciale a été un choc pour mon système. Je logeais en résidence pour étudiants. Chaque nuit, je me demandais comment j'arriverais avec un tel froid à franchir l'espace de dix mètres entre la résidence pour étudiants et le bâtiment voisin où j'avais mes cours.

Aujourd'hui, il m'arrive parfois de voir de jeunes enfants dont les gants ne couvrent pas l'ensemble de leur main. Je les aide alors à les enfiler comme il faut car je sais que ces enfants sont originaires de pays où l'on ne porte pas de gants. Je les comprends car moi-même j'ignorais comment gérer le froid. Il m'arrive encore de ne pas le savoir!

À l'instar de son mari et ses trois enfants, Nadine aime jouer plusieurs instruments. Son mari est né à Montserrat aux Antilles britanniques. Il apprend à parler français au Canada et travaille actuellement comme enseignant dans une école francophone.

❦

Pierre

Pierre est un québécois de Montréal. À la maison, on ne parle qu'en français. Pierre fait des études collégiales en éducation spécialisée. Après l'école, Pierre travaille dans un centre d'hébergement pour orphelins en difficulté. Sa tâche ne consiste pas à enseigner, mais plutôt à planifier et effectuer des activités pour le bénéfice des enfants et être présent auprès d'eux. Ce n'est que plus tard qu'il se met à l'enseignement.

Suite à des compressions budgétaires, mes heures au centre ont été réduites de trente-six à dix-huit heures. Si je souhaitais demeurer à l'emploi du centre, je savais que j'allais devoir enseigner et c'est comme cela que je suis arrivé à l'enseignement. C'est ainsi que j'ai travaillé un plus grand nombre d'heures, et cela m'a beaucoup plu. Malgré le fait que je n'avais pas de formation d'enseignant, le centre m'a permis d'enseigner. En fait, j'ai pu y enseigner parce que personne d'autre ne voulait enseigner ces enfants.

Pendant ce temps, Pierre complète son baccalauréat en arts et il enseigne maintenant depuis plus de deux décennies. Au cours de la période estivale, Pierre poursuit son travail auprès des enfants. En effet, quoiqu'il soit père de deux enfants, Pierre est animateur de camp de jour.

La chose qui importe le plus pour moi est de rendre l'école suffisamment agréable pour que les enfants veuillent y venir. Les enfants peuvent inventer toutes sortes de raisons pour ne pas aller à l'école. Lorsque je dis à mes élèves qu'il n'y aura pas d'école le lendemain, ils semblent déçus. Ce genre de réaction m'enchante. S'ils éprouvent du plaisir à venir à l'école, tout le reste va s'arranger. L'école doit être un endroit où les enfants aiment aller.

Je ris beaucoup avec les enfants. Il faut avoir un bon sens de l'humour. Les enfants doivent se sentir à l'aise, sinon ils ne voudront pas participer en classe. On fait des sorties de classe. Je les emmène au théâtre en ville et nous allons aux pommes en octobre.

❦

Queenie

Queenie est née à Kingston en Jamaïque. Son père est méthodiste et a une forte personnalité. Afin d'épouser la mère de Queenie, dotée elle aussi d'une détermination exceptionnelle, il se convertit au catholicisme. Six enfants sont nés de cette union. D'aussi loin qu'elle se souvienne, ses parents ont toujours travaillé au sein de l'entreprise familiale, un magasin général situé dans un quartier déshérité de Kingston. Il allait de soi que tous les enfants travaillent au magasin général pour aider leurs parents. Ce travail n'importune pas Queenie car elle trouve du plaisir à se retrouver au magasin, rencontrer les clients, et discuter avec les gens de la communauté qui s'y retrouvent.

Dès son plus jeune âge, Queenie observe les membres de sa famille dans leur façon de vivre certaines valeurs de la vie familiale: le respect envers les autres, l'absence de dénigrement des autres, et l'importance du travail communautaire.

Je me souviens que lorsque je dénigrais une personne ou si je me moquais d'un trait de sa personnalité, mon père me disait alors: « Laisse la vie s'occuper de cela ». C'est tout ce dont j'avais besoin d'entendre pour cesser immédiatement, même si c'était parfois difficile. Mon père faisait beaucoup de bénévolat et se dévouait ainsi envers sa communauté. Je me rappelle qu'il allait souvent à des réunions lorsque j'étais toute petite. Il siégeait sur plusieurs comités de citoyens, il aidait les gens.

À l'école secondaire, Queenie fait du bénévolat au YMCA le plus proche, à proximité du magasin familial. Elle travaille auprès d'enfants ayant des difficultés d'apprentissage. Une fois l'école secondaire complétée,

Queenie rêve d'une école de commerce et elle décide de poursuivre des études en sciences et en commerce au Canada. Elle veut aussi voyager, avant de revenir à la Jamaïque. La vie a de ses mystères parfois, et Queenie fait la rencontre d'un homme qui deviendra son conjoint. Le Canada est donc devenu sa terre d'adoption.

Malgré tout, le fait de poursuivre des études en enseignement s'avère un choix intéressant pour moi, même si, au départ, cela ne faisait pas partie de mes plans. En fait, je voulais être comptable, d'où mes études en commerce. J'ai modifié le cours des choses en m'inscrivant en sciences sociales parce qu'à un moment, j'ai cru que je voulais devenir travailleuse sociale. Malheureusement, j'ai trouvé cet environnement trop abstrait. Puis, je me suis inscrite en enseignement. Finalement, je réalise aujourd'hui que je combine ma formation de travailleuse sociale directement dans mon enseignement. Et ça, ça me plaît!

Au cours de ses années d'enseignante, Queenie donne des cours dans des programmes en commerce, droit, mathématiques, puis en informatique à des jeunes de 13 ans et plus ayant des difficultés d'apprentissage. Enfin, elle est maintenant directrice adjointe d'une école.

Enseigner à des enfants en difficulté m'a apporté un sentiment de réalisation et de valorisation personnelle. J'ai apprivoisé la patience. J'ai aussi appris un certain détachement. On doit être non seulement un enseignant, mais aussi un ami. On doit être sincère avec les enfants, parce qu'ils vous sentent tout de suite et vous lisent comme un livre ouvert. Je réalise que j'ai vraiment trouvé ma place avec ces enfants.

Un peu plus tard, Queenie est promue directrice de cette école qui reçoit une clientèle de jeunes vivant de grandes difficultés d'apprentissage au plan cognitif.

Sarah

Tout comme ses parents, Sarah est née dans le grand nord québécois. Quoique sa mère soit d'origine francophone, Sarah se dit anglophone. Sa mère est toutefois bilingue. Elle épouse un allophone. À la maison, on parle anglais. Sarah complète un baccalauréat en études religieuses et féministes.

Par la suite, elle travaille pendant huit ans comme gérante d'un restaurant. Pendant ce temps, après avoir eu un enfant, elle constate que son horaire de travail n'est pas pratique pour une mère et que, de plus, ce travail ne l'intéresse pas particulièrement. Elle décide donc de réorienter sa carrière.

J'ai réfléchi à ce que je voulais faire, à mes rêves. Je me suis rappelée d'un excellent professeur qui m'avait initiée à la théologie de la libération. Je voulais faire ce qu'il faisait et ce qu'il avait fait pour moi. J'en suis venue à comprendre que ce professeur et son cours m'avaient beaucoup apporté, de telle sorte que je voulais faire la même chose dans la vie. Je voulais parler de liberté, de Dieu et de justice aux adolescents.

Après avoir complété ses études en enseignement, Sarah se voit offrir un poste d'enseignante en morale et histoire des religions à des adolescents. Elle vit maintenant sa vie dans les deux langues officielles et apprécie sincèrement les deux cultures. Lorsqu'elle se trouve à l'extérieur du pays, Sarah se sent canadienne. Lorsqu'elle se trouve au Canada, elle se sent québécoise. Auprès de ses élèves, elle est canadienne, mais le Québec est sa terre d'origine.

Je suppose que parce que je vis dans les deux cultures et que je vois les deux aspects de la médaille, c'est la raison pour laquelle les discussions au sujet de la tolérance sont si importantes pour moi. J'explique à mes élèves ce que signifie le fait de vivre dans une société où règne la tolérance, que le fait d'être tolérant n'est pas suffisant et que nous ne devrions pas faire de la tolérance la valeur suprême des Canadiens. Je suppose que si j'avais une philosophie sur l'éducation, je voudrais tendre un miroir aux jeunes, les amener à s'y regarder et se poser les bonnes questions.

∾

Sorin

Sorin est né dans une petite ville de l'ex-Yougoslavie, qui était le pays de plus de seize groupes ethniques différents. Dans son pays natal, la diversité fait donc partie de la vie.

Je suis originaire de Roumanie. Là où je vivais, il n'y avait pas beaucoup de groupes ethniques qui parlaient le yougoslave, si ce n'est deux ou trois mots permettant de se débrouiller. J'ai cependant appris le serbo-croate parce que je suis allé à l'école en Yougoslavie. Dans mon village, il y a toujours eu une telle variété d'ethnies, soit des personnes d'origine turque, hongroise, allemande. Nous réussissions à bien nous entendre.

Sorin nourrit un rêve: devenir enseignant. Ce rêve tire son origine de sa famille et ses ancêtres qui, depuis quatre générations, embrassent la carrière d'enseignant ou celle de la prêtrise orthodoxe. Sorin est d'avis qu'enseigner est le plus beau métier qui soit.

Un jour, je suis interpellé par un employé du journal local où je travaille. Il me dit que, d'ici la fin de la l'année, je dois devenir membre du parti communiste. Je sais alors que le temps est venu pour moi de quitter mon pays. J'ai songé à l'Europe et y enseigner le français, mais mon diplome ne pouvait y être reconnu. Le Canada m'apparaît comme une option: j'ai entendu parler du Canada dès l'âge de onze ans lorsque des membres de la famille, actuellement vivants en Ontario, y avaient émigré.

En foulant le sol canadien pour la première fois, et sachant qu'il ne pourrait y enseigner immédiatement, Sorin est disposé à patienter.

Ayant appris deux langues, le français et le serbo-croate, je suis conscient des difficultés auxquelles mes élèves sont confrontés. Je pense que c'est un grand atout pour moi. De plus, en tant qu'immigrant, j'ai eu à surmonter des problèmes semblables à ceux auxquels ces enfants sont confrontés dans leur nouvelle vie au Canada. Je pense que je les comprends mieux que d'autres enseignants qui n'ont jamais eu à surmonter les défis d'un « nouveau début », dans un lieu où vous ne connaissez personne et où vous n'avez pas la sécurité offerte par la présence des personnes qui vous aiment.

Cette courte immersion dans la vie de ces enseignants d'expérience pourra permettre de mieux comprendre leur perspective. Chacun de ces enseignants apporte dans ses bagages des conceptions soigneusement cultivées sur le rôle et les responsabilités des enseignants, sur ce qui devrait se passer en classe et dans les écoles, et sur la conception de l'élève type et sa capacité d'apprentissage. Si on observe la manière dont ces enseignants évoquent leur vie, leur famille et leur rôle d'enseignant, force est de constater qu'ils ont su développer de multiples visions du monde. Prenons l'exemple de Diane, Nadine, Sorin et Queenie, qui possèdent deux cultures. John, Nadine et Queenie sont noirs, et avec Diane, ont grandi dans un environnement ouvrier et défavorisé. Marie, Sarah et Sorin sont bilingues, tandis que John et Pierre maîtrisent moins leur seconde langue. Essentiellement, chacun de ces enseignants fait le va-et-vient entre ses deux cultures, et entre ses deux langues parlées, à la même vitesse que celle à laquelle ils créent des ponts de compréhension en direction des étudiants vivant dans une société pluraliste.

On constatera au cours des chapitres qui suivent que les expériences des enseignants, tant personnelles que professionnelles, ont grandement nourri leur capacité de compassion ainsi que leur habileté à accepter la réalité que vivent leurs étudiants. Ma compréhension personnelle de la complexité à travailler dans un environnement pluraliste est le fruit de ma propre expérience humaine en tant que personne biculturelle ayant grandi au sein d'une famille immigrante, qui s'exprime en plus qu'une seule langue, et qui a oeuvré auprès de la diversité. Ce fut un privilège de côtoyer ces enseignants, les observer auprès de leurs élèves, et discuter avec eux, soit en classe ou à leur domicile. Ces enseignants n'ont eu de cesse de partager avec moi leur réflexion et leur vision de l'enseignement. Je souhaite que les anecdotes et les histoires partagées ici contribueront à illustrer le savoir-être et la compassion requis chaque jour pour mener à bien leur mission d'enseigner.

La création d'un nouvel environnement d'apprentissage

Ce chapitre fait état des réflexions des enseignants quant aux habiletés à développer, aux valeurs à cultiver, afin de donner ouverture à un véritable dialogue interculturel, ou, en d'autres termes, à un dialogue entre les différences. Ainsi, sans le vouloir, les enseignants rencontrés dressent un véritable portrait d'un enseignant pluraliste. Leurs histoires et leurs réflexions font voir les caractéristiques et les traits de personnalité d'une personne souhaitant vivre, travailler et transmettre des connaissances au sein d'un environnement pluraliste. L'écoute attentive de ces enseignants d'expérience dresse un aperçu plutôt convaincant de ce que sont les meilleures pratiques dans un environnement pluraliste.

On ne nourrit pas les mêmes attentes qu'autrefois envers les enseignants. En effet, les attentes d'aujourd'hui ont diamétralement changé. Même si certaines approches dites plus traditionnelles peuvent jouer un rôle dans la salle de classe, les enseignants d'aujourd'hui doivent être munis de nouvelles habiletés et d'une profonde compréhension de la complexité des valeurs qui sont celles de notre société actuelle. Ceci étant, mon objectif est d'accroître notre compréhension des besoins et de la réalité de la *nouvelle* classe du XXIe siècle par l'écoute de ce que les enseignants ont à dire. En fait, on apprend par ces enseignants qu'*il n'existe pas de méthode infaillible* pour enseigner à un groupe d'apprenants aux profils culturels différents. En revanche, chacun de ces enseignants a recours à *diverses techniques d'enseignement*, permettant de relier leurs propres expériences au contexte constamment évolutif et impermanent du quotidien des élèves d'aujourd'hui.

Je donne donc la parole aux enseignants rencontrés afin de les laisser partager leur réflexions et leur analyse pragmatique d'une certaine prise de conscience de ce qu'ils transmettent, des attitudes, des habiletés et des valeurs requises afin d'enseigner dans une salle de classe pluraliste. Si, au sein d'une société multiculturelle, multiraciale et multiconfessionnelle, l'objectif d'un système d'enseignement est d'aider les enseignants et les élèves à développer le savoir-faire, les attitudes et les habiletés à participer dans un projet citoyen national qu'est la vie démocratique, notre système scolaire devrait s'assurer de l'acquisition par les enseignants des aptitudes et des habiletés à enseigner aux élèves comment vivre ensemble de façon démocratique et équitable. S'ils se perçoivent comme des citoyens ouverts à la diversité, les enseignants seront déjà en mesure de montrer à leurs élèves comment évoluer, vivre et agir de façon locale dans un contexte global.

C'est leur connaissance de la matière à enseigner, combinée à leur compréhension des capacités et des besoins des apprenants, qui leur permet de déterminer, planifier et implanter un enseignement significatif. Toutefois, enseigner dans un environnement pluraliste exige non seulement la connaissance de la matière, mais la capacité et l'ouverture pour remettre en question *le concept même de la connaissance*, du savoir, objets de tant d'influences historiques et culturelles. La connaissance est souvent perçue comme un ensemble de savoir constitué d'un certain nombre de faits qui ne sont jamais remis en question. À y regarder de plus près, la connaissance est sans cesse mouvante, variante, selon le contexte. Lorsqu'on y traite de diversité, une grande majorité d'enseignants dans nos écoles ont recours à la bonne vieille méthode de comparer les ethnies les unes entre les autres afin de mieux les comprendre. Une telle méthode pour faire connaître la diversité court inévitablement à un échec à long terme puisqu'il est hautement improbable qu'une personne puisse acquérir (on va passer sous silence le simple fait de se maintenir à jour!) une base de connaissances suffisamment importantes et fiables sur toutes les cultures, toutes les races et toutes les religions à la fois. En revanche, il apparaît davantage réaliste d'apprendre à connaître, voire approfondir notre propre culture, ce qui nous permettra de mieux connaître celle des autres avec toutes leurs variables ethniques et culturelles d'une part et, d'autre part, de mieux comprendre comment ces variables peuvent avoir une empreinte, une influence sur nous.

L'idéal serait que les enseignants connaissent mieux l'histoire, l'héritage et l'expérience humaine qui sont propres à divers groupes ethniques. Cela se traduirait par une connaissance générale du style de vie propre à chaque groupe ethnique, leur modèle de pensée, leur système de valeurs, leur façon de communiquer et d'apprendre, ainsi que leur héritage historique expliquant pour la plupart chacun de ces éléments. En tant qu'enseignant auprès de la diversité, nous devons avoir le courage de remettre en question nos façons de faire et de penser. Or, de tels questionnements peuvent mettre en lumière ce que nous ne souhaitons pas voir: nos propres préjugés. Bien sûr, il va de soi que ces connaissances ethniques ne se feraient pas de façon détachée ou isolée, mais en corrélation avec les aptitudes, les habiletés, la prise de conscience, le savoir-faire, et les valeurs pertinentes et necessaires afin d'enseigner dans un environnement pluraliste. Connaître les méthodes d'apprentissage les plus favorables par groupe ethnique ne sera pas suffisant. Les enseignants devront développer les attitudes pour démontrer de façon significative leur préoccupation du bien-être de leurs élèves et leurs capacités démontrées de planifier et implanter un enseignement destiné à une classe pluraliste.

Au cours des pages qui suivent, nous verrons ce qu'est un enseignant du XXIe siècle de façon pragmatique et concrète. Nous identifierons une certaine prise de conscience, des attitudes, des habiletés et certaines valeurs nécessaires afin d'enseigner de façon significative dans un environnement multiethnique. Ces éléments de réflexion pourront ainsi servir de guide.

∽

Une prise de conscience

C'est seulement par une prise de conscience de qui nous sommes et de ce que sont nos valeurs que nous pouvons faire nos premiers pas vers le développement d'un début de compréhension de ce que constitue la différence. La compréhension de l'*autre* demeure au coeur de l'enseignement à la diversité, tout en étant un processus complexe et difficile parfois au plan personnel et professionnel. Globalement, apprendre à connaître ses élèves et développer ses connaissances relatives aux autres cultures, comme je le mentionnais précédemment, peut être relativement simple. En revanche, il est un processus bien plus difficile de *comprendre, apprécier* et *respecter* les profondes différences entre les diverses ethnies et leur culture. Par conséquent, la première étape nécessaire dans la gestion d'une classe pluraliste serait d'accepter les faits, c'est-à-dire accepter que nous sommes effectivement différents les uns des autres, d'une part, et, d'autre part, reconnaître la légitimité de ces différences. Les enseignants ayant participé à cette présente étude clament à l'unanimité l'importance de cette prise de conscience dans le cadre d'un enseignement à la diversité qui soit significatif, mais, de plus, ils soulignent à quel point il est crucial de comprendre chaque élève globalement, dans son ensemble, de façon holistique, incluant le contexte de vie et tous les aspects de la vie de chaque étudiant à l'extérieur de la salle de classe.

∽

Comprendre chaque élève dans son ensemble

Donner un enseignement à la diversité qui soit significatif requiert au préalable une prise de conscience des divers aspects de la vie de chaque élève. De nos jours, enseigner dans une société pluraliste exige des compétences importantes. Pour chaque enseignant, la première de ces compétences est la démonstration de sa compréhension et son acceptation des origines de chaque élève, de ses comportements et ses interactions avec les autres. Afin de favoriser sa propre prise de conscience globale des élèves et de leur vécu, les enseignants soulignent la nécessité d'observer les élèves et de créer un environnement qui les porte à raconter leur réalité, leur vie, leur vécu. John observe attentivement ses élèves. Sitôt qu'il perçoit une modification importante dans le comportement d'un de ces élèves, il suppose que quelque chose sortant de l'ordinaire se passe dans la vie de cet élève. Il souligne à quel point la création par l'enseignant d'une relation de confiance avec chaque élève est déterminante pour favoriser la discussion, l'échange, le partage, plutôt que le monologue, le soliloque.

Sachez reconnaître les symptômes des élèves qui souffrent. Observez les jeunes. Face à un élève extraverti et exubérant qui se recroqueville, qui se referme, il se passe quelque chose dans la vie de cet élève. Si vos jeunes ont placé leur confiance en vous, ils vous raconteront ce qui se passe. Un jour, une jeune fille préoccupée par son amie qui vivait une crise est venue me voir, moi, mais pas le directeur de l'école. Ce jour-là, je n'étais pas en mesure d'adresser le problème, mais le lendemain, je l'étais. J'ai fait tout ce que j'ai pu pour résoudre la crise.

Sarah recourt à la tenue d'un journal personnel pour développer une meilleure connaissance de ses élèves et leur vie. Grâce à son journal, elle est en mesure d'aider un de ses élèves lorsque les résultats scolaires de l'élève chutent dramatiquement suite au décès d'un membre de sa famille.

Il est impossible de connaître tous ses étudiants lorsqu'on enseigne à l'école secondaire. Cette année, j'avais trois cent trente étudiants. Vous risquez de vous épuiser à la tâche si vous êtes trop idéaliste et si je vous pensez que vous en viendrez à connaître tous vos étudiants. En bout de ligne, je suppose que j'en viens à connaître ceux que j'aime bien et ceux que je n'aime pas.

Lorsque je lis ce qu'ils ont rédigé, je découvre des choses au sujet de certains événements dans leur vie mais, ce qui est encore plus important, c'est que je découvre ce qu'ils ressentent. Par le biais des enfants, on peut apprendre bien des choses au sujet des parents et leur communauté. Il se peut qu'ils écrivent quelque chose au sujet de leurs parents. Par exemple, une de mes étudiantes, Marie-Hélène, était très proche de son grand-père. Il est décédé cette année et cela a été une épreuve difficile pour elle. C'est une jeune fille intelligente mais elle éprouve certaines difficultés d'apprentissage. Il arrivait souvent qu'elle ne faisait pas ses travaux scolaires mais dans un des projets, elle a écrit n'avoir aucun respect envers ses parents. Ses parents étaient stupides et ils ne comptaient pas du tout pour elle. Son grand-père représentait une figure d'autorité morale dans sa vie. J'ai été bouleversée lorsque j'ai lu cela. Elle venait de perdre l'adulte qu'elle respectait le plus tandis qu'elle n'avait aucun respect pour ses parents.

C'est sûr qu'il est arrivé quelque chose parce que, de manière générale, les jeunes veulent aimer leurs parents, même si le parent n'est pas vraiment compétent. Le fait d'apprendre cela à son sujet et au sujet de sa situation me l'a rendue plus sympathique, même si de toutes façons, en tant que personne, je l'ai toujours appréciée. À l'école, son rendement habituel est d'environ cinquante ou cinquante-cinq pour cent de ses capacités mais durant la période où elle était en deuil, elle a laissé dégringoler ses notes davantage. Elle ne faisait aucun effort et nous savions pourquoi, et c'est la raison pour laquelle nous comprenions ce qui se passait, alors nous avons tenté de lui venir en aide.

Lorsque, à l'école de Diane, un petit garçon se met à faire des siennes, elle tente de comprendre les motifs le poussant à agir ainsi et en informe l'enseignant. Ces actions ont eu comme résultat de permettre à Diane de démontrer davantage de compassion envers l'élève en question.

Soyez au fait des sentiments, des émotions de vos étudiants. Certains vous en parleront et d'autres non. Certains jeunes auront des réactions parfois surprenantes. Vous savez que ces réactions peuvent être générées par des émotions mal gérées, non comprises. Ce matin, on faisait face à un enseignant qui demandait à ce qu'un de ses élèves, un petit garçon, sorte de sa classe parce qu'elle disait qu'elle n'était pas en mesure de le gérer avec l'ensemble de la classe.

Plus tard dans la journée, on apprend que le père du petit garçon n'était pas venu le chercher à l'école la veille au soir. Aujourd'hui, le petit exprimait ses émotions. Il avait décidé de s'exprimer devant la classe et je comprenais qu'il avait dû être déçu.

Pierre, quant à lui, a ses propres critères d'évaluation du niveau de bien-être de ses élèves. Il regarde notamment l'état de leurs vêtements, la qualité de leur hygiène corporelle ou encore leur boîte à lunch.

À peine deux ou trois semaines du début septembre, j'ai déjà repéré les élèves qui ont besoin davantage d'aide que les autres. Je le sais parce qu'ils portent toujours les mêmes vêtements. Ils viennent à l'école sans s'être lavés. Ils n'ont rien pour le dîner et ils n'ont rien pour la collation. Parfois, ils viennent à l'école avec le même chandail qu'ils portent depuis des semaines sans que celui-ci n'ait été lavé. Que ce soit l'été ou l'hiver, ces jeunes portent la même paire d'espadrilles.

Je sais que parmi les dix-huit élèves présentement dans ma classe, huit ou neuf d'entre eux n'ont pas pris de petit déjeuner avant d'arriver à l'école le matin. Une fois que nous avons pris notre collation le matin, les jeunes travaillent mieux. Cela ne fait aucun doute.

Queenie encourage ses élèves à parler de leur vie. Par contre, les encouragements doivent être faits avec doigté et respect.

Nous avons un enseignant à l'école qui encourage les jeunes à parler et tout cela est fait avec beaucoup de respect et de sensibilité. De nombreuses cultures sont présentes dans notre école. On entend bien des jeunes filles parler de leus traditions familiales et discuter du rôle des femmes au sein de leur culture. Les jeunes filles nous racontent les tâches qu'elles doivent effectuer à la maison. Elles nous font part de leur besoin d'intégrer les traditions familiales lorsqu'elles font face à des conflits intérieurs. Parler avec ces jeunes devrait se faire dès l'école élémentaire. Mais il faut le faire avec beaucoup de respect.

Nous avons vu que les enseignants peuvent recourir à l'observation de leurs élèves. Les enseignants peuvent aussi recourir au bon vieux journal personnel, comme un journal de bord, en tentant d'expliquer les motivations derrière les agissements d'un jeune en porte à faux par rapport au groupe, et en notant les modifications à l'habillement et les variables quant au niveau de l'énergie physique. Mais gardez en mémoire qu'en tout temps, lorsqu'en interaction avec les jeunes, il est crucial de maintenir un climat de confiance et agir avec respect.

∽

Connaître le contexte de vie de l'élève à l'extérieur de la classe

Il nous apparaît important pour les enseignants de comprendre ce qui se passe dans leur école, parmi les élèves, les parents et les autres enseignants, tout en se rappelant l'histoire et les valeurs de leur communauté respective. Les expériences de Sorin, Queenie et Nadine illustrent fort bien à quel point il est important de connaître le contexte de vie de leurs élèves lorsqu'ils sont à l'extérieur des murs de la classe. Sorin est conscient de la signification qu'emporte le fait d'être croate ou serbe, ou d'être pour ou contre un régime politique dans certaines parties du monde. C'est justement pour l'une ou l'autre de ces raisons que plusieurs de ses élèves vivent ici au Canada.

Je sais qu'il y a une différence entre le fait de donner son appui au Chah d'Iran et le fait d'être opposé à son régime. Je connais ce que représente (ou comment on perçoit) un croate ou un serbe. Somme toute, il vaut mieux avoir l'esprit ouvert et se défaire de certains préjugés. Ces exemples peuvent nous paraître dérisoires mais c'est à cause de telles situations que ces jeunes sont dans nos classes.

Sorin démontre à quel point il est important d'élargir sa vision de l'enseignement, une vision qui doit s'étendre à l'extérieur de la salle de classe, au travers les murs de l'école et à travers ce qui se passé dans le monde en général. Un enseignant devrait pouvoir discuter et comprendre tout ce qu'un élève est susceptible de vivre comme expérience. Dans le cadre de la présente étude, les enseignants ont traduit cette nouvelle vision de l'enseignement comme suit: comprendre le contexte de vie de l'élève à l'extérieur de la classe. À titre d'exemple, Queennie connaît un homme âgé qui habite face à l'école. Cet homme, qui est le grand-père de quelques uns de ses élèves, possède un réel don de conteur. Elle a comme projet d'inviter ce conteur à rencontrer ses élèves et à leur partager ses contes cantonais.

Il y a un homme particulièrement aimable qui habite face à l'école. Cet homme est un grand-père. J'ai toujours cru que cet homme savait que je quittais l'école vers les 19h et lorsque j'étais présente à l'école les week-ends. Parfois, je vais jusqu'à oublier qu'il est là, à m'observer, s'assurant que tout va bien.

Je l'entends souvent parler à des passants dans la rue et leur raconter, là, sur le trottoir, de fascinantes histoires. Or, par un beau jour, j'ai prié un de ses petits-enfants de lui parler et voir avec lui s'il était d'accord à venir à l'école pour nous parler. Même s'il ne parle que le cantonais, nous pourrions trouver une façon de le comprendre notamment par le biais de ses petits-enfants. Je me suis dit en moi-même: c'est une autre façon d'apprendre. Voilà une approche innovatrice! C'est plus intéressant de procéder ainsi que de m'entendre parler tout le temps!

C'est un homme très timide. J'ignore si, finalement, il acceptera de venir nous rencontrer à l'école et partager ses histoires et ses connaissances avec nous. Mais, du moins, il est informé que nous sommes intéressés à ce qu'il a à dire.

Créer des liens entre d'une part, le quotidien des élèves à l'extérieur de la salle de classe et, d'autre part, le contenu pédagogique transmis en classe peut contribuer à insuffler un angle positif dans la matière et rendre cette dernière plus pertinente, voire plus intéressante, aux yeux des élèves. De tels liens offrent aux enseignants l'opportunité d'apprivoiser et connaître la diversité et les origines culturelles de leurs élèves. Pour Nadine, consciente des fonctions essentiellement répétitives de la vie urbaine (l'autobus, l'école, la maison, la télévision), il est important pour elle d'offrir à ses élèves la possibilité d'un séjour dans un coin de la campagne du pays ou de faire un pique-nique au parc.

La plupart des ces jeunes ont connu la vie rurale. Depuis qu'ils sont arrivés au Canada, ils vivent dans un environnement urbain. C'est pourquoi je crois qu'il est bon de les sortir de la ville et leur montrer la campagne. Étant donné que plusieurs de ces jeunes sont issus du monde rural, je tiens à leur faire connaître la ruralité canadienne. Tous les jeunes ont un intérêt pour la culture et l'élevage, bref, ce qui touche de près ou de loin à la nourriture. Lorsque nous allons visiter une ferme, certains enfants diront « là d'ou je viens, dans mon pays...», et ils font le lien entre le passé et le présent, et cela les fascine.

Pour certains de ces jeunes, leur quotidien se confine à l'appartement, l'autobus scolaire, l'école, le retour à l'appartement, et le cercle recommence. Ce n'est peut-être pas l'idéal, mais c'est leur vie. Toute expérience à l'extérieur de ce cercle provient du petit écran. Alors, même si nous ne gravissons qu'un sentier du Mont-Royal et y faisons un pique-nique, cette expérience sera profitable.

Pour ces enseignants, comprendre le contexte de vie de l'élève à l'extérieur de la classe signifie: prendre conscience de l'actualité internationale et des régimes politiques pouvant être la cause de l'arrivée comme réfugiés au Canada de ces enfants et leur famille, savoir qui parmi la communauté peut s'avérer une ressource enrichissante pour l'école, et créer des liens entre le contexte de la vie familiale de l'élève (ce à quoi l'élève est exposé à la maison sur une base quotidienne) et les façons dont l'enseignant procède pour créer les outils pédagogiques pour la matière. Pour ceux et celles qui souhaitent oeuvrer de façon significative comme enseignant dans un environnement pluraliste, les anecdotes des enseignants démontrent l'importance de saisir globalement la sensibilité de l'élève, ou autrement dit, de faire une prise de conscience du contexte de vie de l'élève à l'extérieur de la salle de classe.

Les attitudes

Par *attitudes*, je veux dire ce qu'on pense, ce qu'on ressent, ce qui fait qu'on possède la possibilité intérieure de passer à l'action. Les anecdotes qui suivent nous montrent certaines attitudes que le groupe d'enseignants évalue comme étant fondamentales si on souhaite enseigner à des élèves de diverses origines et cultures. Parmi ces attitudes fondamentales, il y a l'acceptation que les enseignants eux-mêmes peuvent apprendre de leurs élèves, la création d'un environnement empreint d'un esprit positif peu importe la nature des défis du quotidien, et le développement d'un esprit ouvert et flexible face aux défis qu'apporte la diversité.

Apprendre de ses élèves

Les enseignants dans une salle de classe composée d'élèves de diverses origines ethniques et culturelles souhaitant prodiguer un enseignement significatif auprès de la diversité ont recours aux expériences et au vécu de leurs élèves pour faire valoir auprès d'eux de nouvelles notions. Pour accomplir cela, les enseignants peuvent choisir une situation donnée qui a été vécue par un élève, en faire une comparaison, la nuancer, la placer dans un contexte, puis énumérer les éléments de la situation qui sont sans réponse à l'aide des notions avec lesquels les élèves sont familiers. En misant sur les connaissances des élèves (leur vécu, leur quotidien), les enseignants peuvent transmettre des notions et des habiletés complexes sans craindre que ces notions soient trop éloignées de ce que les élèves peuvent intégrer. L'exemple qui suit illustre comment Marie crée des liens à partir de la langue et la culture maternelles de ses élèves et leur nouvelle vie au Canada, en les invitant à partager certaines expériences passées dans leur pays natal et les nouvelles expériences rencontrées dans leur pays d'accueil.

Je demande souvent aux élèves de parler de leur pays d'origine. Je pense qu'il est important qu'il y ait un lien entre le Canada et le pays d'où ils viennent. Il est tout naturel pour eux de parler de leur culture.

Les enseignants prodiguant un enseignement significatif ont tendance à recueillir naturellement la confiance de leurs élèves. Ils distillent chez eux un effet d'émulation permettant aux élèves de faire valoir leurs champs d'intérêt. Ceci a comme effet de démontrer aux élèves que la contribution personnelle de chacun est bénéfique pour l'ensemble de la classe. On valorise donc leur apport personnel. Queenie reconnaît qu'il lui est impossible de connaître tous les aspects de toutes les cultures ou de toutes les religions, et donc, afin d'en connaître davantage, elle se tourne naturellement vers ses élèves pour ce faire. « *Il est impossible de tout connaître. En qualité d'enseignante, je crois qu'il est préférable de reconnaître cela tout en étant prête à apprendre de chacun de ses élèves* ». John encourage chacun des ses élèves à parler de certains aspects de sa culture ou sa religion respective. Mais, comme il l'explique si bien, cette discussion doit avoir lieu dans un climat de non jugement permettant ainsi aux élèves de partager leur façon de vivre et, par conséquent, ce qu'ils vivent véritablement. « *Demandez à vos élèves ce qu'ils pensent du port du hijab ou du shagor, en usant d'un ton et d'une attitude qui ne soient aucunement condescendants ou méprisants. Si vous agissez de façon à ce qu'ils ne se sentent pas jugés d'avance, vous allez découvrir qui ils sont véritablement* ».

Plus souvent qu'autrement, les élèves sont disposés à partager avec leur enseignant et leurs pairs ce qui caractérise leur culture ou leur religion. Diane nous raconte un événement où un élève d'origine grecque a été réprimandé de façon non justifiée parce qu'il ne connaissait pas la date de son anniversaire. Dans le cas de cet élève, si l'enseignant lui avait tout bonnement demandé pourquoi il ne connaissait pas la date de son anniversaire, l'impair aurait pu être évité.

Posez des questions à vos élèves, mais faites-le de façon respectueuse. J'ai connu une enseignante dans une école qui a donné une retenue à un petit enfant d'origine grecque parce que ce dernier ne connaissait pas la date de son anniversaire. Vous vous rendez compte? Elle lui a fait écrire la date de son anniversaire cent fois. Je l'ai informée que, dans la culture grecque traditionnelle, on ne célèbre pas son anniversaire mais plutôt celle du saint du jour. Elle m'a regardé, étonnée. Donc, voyez, on peut apprendre de ses élèves. Mais encore faut-il leur demander... J'ai beaucoup appris sur l'islam avec mes élèves de foi musulmane. Parfois, ces élèves m'apportent un article de magazine sur un sujet qui les touche particulièrement. Si on leur dit qu'on veut apprendre, ils seront heureux de nous aider et de partager ce qu'ils sont.

Même si nous sommes des enseignants, il nous faut reconnaître (et accepter) qu'il est impossible de tout connaître. Les enseignants incluent les élèves dans la volonté d'apprendre des gens provenant d'autres pays que le nôtre, avec comme objectif ultime la création de liens avec le Canada comme pays d'accueil. Les enseignants à la diversité ont tout à gagner d'inviter leurs élèves à devenir un maillon de leur propre formation continue d'enseignant en matière de diverses cultures, de religions multiples et de perspectives différentes. Certes, le chemin pour y arriver n'est pas sans embûche ou sans obstacle, notamment parce que certains élèves ne voudront pas être mis de l'avant de par leur particularité culturelle. D'où la nécessité de procéder avec douceur et délicatesse. Il arrive parfois que des élèves ressentent un malaise à devenir le *porte-étendard* du groupe ethnique dont ils proviennent, et pourraient privilégier une intégration au groupe qui soit, disons, davantage discrète. Nous mettons le doigt sur la principale difficulté d'intégration rencontrée par les élèves, l'équilibre souvent fragile entre les concepts d'*être canadien* ou *être ethnique*.

ᢋ

Créer un environnement empreint d'un esprit positif

Les enseignants qui prodiguent un enseignement à la diversité qui soit significatif nourrissent des attentes élevées pour la réussite scolaire de leurs élèves, et ce peu importe l'origine ethnique de ceux-ci, l'origine sociale, le genre ou la religion auxquels ces élèves se rattachent. C'est un fait que l'attitude de l'enseignant envers l'élève a des influences sur sa réussite scolaire. Les élèves sont réceptifs au processus d'apprentissage d'une matière ou d'une autre à chaque fois que l'enseignant mise sur leurs forces pour construire quelque chose avec eux. En autant que cela soit possible, les enseignants doivent transmettre d'une façon qui soit positive la nature de leurs attentes envers les élèves, et ce particulièrement envers les élèves qui ont vécu des deceptions ou ont rencontré des échecs au niveau scolaire. D'une façon ou d'une autre, les élèves ont la capacité de déceler les attentes des enseignants envers eux.

John avait dans sa classe un élève qui lui a remis un jour un projet écrit qui ne méritait sans doute pas l'évaluation que John en a fait. En revanche, John a voulu reconnaître la motivation de l'élève envers son projet car le projet de l'élève était en fait le premier qu'il ait remis de toute l'année. En accordant une évaluation de quatre-vingt pour cent, John évalue l'effort de l'élève.

Avoir un esprit positif. Si votre élève a reçu une note de soixante ou soixante-deux pour cent et que vous l'accompagnez dans son travail, il obtiendra soixante-dix pour cent la prochaine fois. Il y a un élève dans ma classe qui souffre de sérieuses difficultés d'apprentissage. Pour un projet en particulier, cet élève a respecté les consignes de remise. Son projet, bien documenté, comportait six à sept pages, rédigées à l'ordinateur. Bien sûr, le travail contenait des fautes d'orthographe, mais de façon générale, le travail était bien fait. Je lui ai accordé une note de quatre-vingt pour cent. Un collègue enseignant m'a demandé pourquoi lui ai-je accordé une telle note. « Parce que la prochaine fois, je lui accorderai quatre-vingt-dix pour cent », lui ai-je répondu. Et devinez un peu ce qui s'est passé aujourd'hui...L'élève m'a dit qu'il voulait reprendre son projet pour obtenir une meilleure note. Il va donc se reprendre à nouveau. Je sais qu'il le fera. Il faut se rapeller que c'était la première fois que cet élève remettait un travail d'école.

L'exemple ci-dessous illustre comment Nadine appuie le projet d'un de ses élèves, quitte à ce qu'on se moque gentiment d'elle dans la salle des professeurs. Nadine croit en les capacités de l'élève et lui démontre son appui en lui offrant du temps à l'heure du midi pour l'écouter faire une allocution.

Nous étions presqu'à la fin de l'année scolaire, et les élèves de la sixième année de notre école élémentaire préparent des allocutions devant tous les enfants réunis. Les enfants ont le choix du sujet. Or, parmi les sujets preférés, il y a « que vais-je faire lorsque je serai grand ». Il y a eu un petit garcon qui nous a dit qu'il voulait être médecin. En fait, il voulait être gynécologue, parce qu'il souhaitait participer à l'arrivée de la vie. Son allocution a été très simple, mais c'était la sienne et ses parents ne l'ont pas aidé.

Le petit garçon était inscrit en troubles du comportement. Il rencontrait des difficultés au niveau de ses émotions. Il vit des périodes de distraction importantes, mais il arrive à surmonter certains problèmes. Je l'ai connu dans la classe de musique. Un jour, il m'a demandé s'il pouvait réciter son allocution devant moi. Je l'ai écouté et en ai été touchée. J'ai réalisé que ce petit garçon pouvait avoir des rêves. Cela me démontrait qu'il n'était pas résigné. Tant d'élèves se résignent et démissionnent face à leurs difficultés d'apprentissage. Cette allocution s'est révélée un signe positif pour ce jeune.

La journée des allocutions est arrivée, et l'événement a lieu dans l'auditorium de l'école. Je n'étais pas disponible pour y aller car j'enseignais aux enfants de niveau maternelle. Par contre, à l'heure du midi, on m'a raconté comment cela s'était passé. Une des enseignantes qui avait entendu le petit garcon riait aux éclats, tant et si bien qu'elle ne pouvait placer un traître mot. Elle ne cessait de répéter: « Pouvez-vous l'imaginer, lui, un gynécologue? Pouvez-vous l'imaginer? C'est ce qu'il veut devenir? Je n'ai jamais autant ri. Cet enfant, un gynécologue ». Et elle continuait à pouffer de rire et à s'esclaffer de plus belle. Aucun enseignant ne disait mot. Finalement, j'ai cru que je devais dire quelque chose, étant blessée pour l'enfant. J'ai dit: « Si les gens n'avaient pas de rêves, ils ne feraient rien ». Mais elle n'a pas cessé de s'esclaffer pour autant. Lorsque je pense à des enseignants comme cette dame, un certain sentiment d'inquiétude m'envahit à savoir que les enfants sont à l'école avec des gens comme cela!

Vous savez, en qualité d'enseignants, nous montrons le chemin de l'avenir à nos élèves. Voilà une de nos fonctions. Mais nous devons aussi leur montrer le présent. Il n'existe aucune situation qui impose un jugement irrévocable. Cet enfant nous démontrait tant de signes d'amélioration de son apprentissage.

Il faut croire en nos jeunes. S'ils ont des rêves, nous devrions les aider à les réaliser. Si on détruit leurs rêves, nous créerons un cauchemar.

Les collègues de John et Nadine ont constaté l'immense précipice entre les habiletés de ces enfants en difficultés d'apprentissage importants, et le fait de recevoir une note de quatre-vingt pour cent ou devenir un gynécologue. Apprendre et travailler vers l'obtention de la réussite scolaire consiste en un *processus*. John et Nadine reconnaissent hautement l'importance de ce principe. Tous deux entendent démontrer leur appui sincère envers leurs élèves tout au cours de ce processus qui recèle davantage d'embûches qu'on ne peut prévoir. En ce sens, Nadine est éloquente: si les enseignants sont incapables de développer un esprit positif envers les motivations, les champs d'intérêt et les rêves de leurs élèves, ils sont sûrement en train de *créer des cauchemars* chez ces jeunes.

∽

Développer un esprit ouvert

Apprendre et enseigner dans un environnement pluraliste exige une approche innovatrice, qui soit prête à gérer et répondre à l'ambiguïté ainsi qu'à des situations parfois paradoxales. Enseigner à une classe multiculturelle exige qu'on y soit préparé, qu'on ait la disponibilité nécessaire pour évaluer les situations et les opinions avec un esprit critique. Qu'on soit disponible à explorer l'espace qui se situe entre les faits et les opinions préalablement à la formulation d'un jugement. Qu'on soit disponible à nuancer et moduler ses opinions, ses jugements. En effet, il existe plusieurs façons d'interpréter le monde. Nadine dit que si les enseignants travaillent avec un esprit ouvert, ils n'auront pas besoin d'apprendre comment ouvrir leur coeur. « *Si vous arrivez avec un esprit ouvert, nul n'aura besoin de vous montrer comment garder vos yeux et votre esprit ouverts à la nouveauté* ». Par ailleurs, Sorin nous explique comment, par son invitation d'un rabbin pour s'adresser à la classe, il fait preuve d'un esprit ouvert, et à cause de cette ouverture, il est justifié de pouvoir demander à ses élèves de visiter une église catholique, puis de peindre des oeufs de Pâques.

Lorsque vous travaillez avec des jeunes, vous devez avoir l'esprit ouvert. Plus tôt dans l'année, j'ai demandé à un rabbin de venir s'adresser à la classe. À un autre moment dans l'année, j'ai emmené les élèves dans le Vieux-Montréal et nous avons visité la Cathédrale Notre-Dame et l'Église Bon-Secours. Une de mes élèves, originaire de Roumanie, m'a dit qu'elle ne pouvait entrer dans l'église parce que ce n'était pas sa religion. Je lui ai rappelé que plus tôt au cours de la session, j'avais invité un rabbin à venir nous parler.

Lorsque sa mère a appris que sa fille n'était pas entrée dans l'église, elle est venue me rencontrer à l'école. Elle m'a présenté ses excuses en disant que, la prochaine fois, sa fille accompagnerait la classe et entrerait dans l'église. J'ai insisté sur le fait que cela n'était pas nécessaire mais la mère a répondu que puisque j'avais invité un rabbin à venir parler à la classe au sujet du judaïsme et expliquer certaines de leurs prières, sa fille pouvait bien entrer à l'église et élargir ainsi sa compréhension de la religion et de ce que cela représente pour les autres.

Au cours de la même année scolaire, à l'occasion de Pâques, nous avons peint des oeufs de Pâques. La même petite fille a dit qu'elle ne voulait pas peindre des oeufs parce qu'elle est de confession juive. Je n'ai pas insisté et je lui ai dit que cela allait, qu'elle pouvait lire ou faire autre chose pendant ce temps. Je ne sais ce qui s'est passé ce jour-là, mais la mère est venue porter quelque chose à l'intention de sa fille. Elle a remarqué que sa fille était en train de lire et qu'elle ne participait pas à la même activité que l'ensemble du groupe. J'ai répondu à la mère que sa fille préférait ne pas participer et que, de toute façon, les arts plastiques n'étaient pas une activité obligatoire. La mère s'est entretenue en hébreu avec sa fille. Puis, la fille est ensuite venue me voir pour demander si elle pouvait se joindre au reste de la classe et, encore une fois, cela était dû au fait que j'avais invité le rabbin à venir s'adresser à la classe. Ma philosophie est que si vous donnez, il vous sera donné en retour.

Avec le temps et l'expérience, Pierre a saisi l'importance d'être pleinement conscient de ce qui se passe faisant en sorte que lorsqu'un parent réagit avec force, Pierre reçoit l'explication du parent dans le non-jugement.

Il est important d'être ouvert, à différentes cultures, différentes traditions. L'an dernier, certains parents originaires d'Iran étaient venus me saluer lors d'une soirée pour rencontrer les enseignants. À la fin de la soirée, j'ai serré la main du père et j'ai ensuite voulu serrer la main de la mère. La mère a tout de suite reculé, le souffle coupé. Sur le coup, cela m'a mis mal à l'aise. Je n'étais pas certain de ce qui s'était passé. Son mari a rapidement commencé à m'expliquer que dans leur pays, les femmes n'étaient pas autorisées à entrer en contact avec aucun homme à part leur mari. Les femmes portent le voile et ne quittent jamais la maison sans être accompagnées de leur mari ou pour amener les enfants à l'école.

La réaction de la dame m'a surpris. J'ai eu moi-même un mouvement de recul mais je suis resté serein. Je comprenais la situation et cela m'a aidé que le père explique pourquoi elle avait réagi de cette manière.

Pour le bénéfice de ses élèves, Sorin leur a montré ce que c'est qu'avoir un esprit ouvert. Ainsi, il leur a expliqué un certain nombre de traditions religieuses. D'autre part, l'esprit ouvert de Pierre a permis au père de se sentir suffisamment à l'aise avec lui pour qu'il lui explique la réaction de son épouse. Les êtres humains ont des comportements qui diffèrent les uns des autres. Comme dans le cas des situations qu'on vient de voir, les différences entre les gens ne peuvent être perçues ou qualifiées comme étant non appropriées ou anormales si elles ne correspondent pas à nos propres normes.

Les enseignants démontrent donc l'importance de recourir à un certain nombre d'attitudes lorsqu'on travaille dans une salle de classe pluraliste, dont notamment l'acceptation du fait qu'on puisse apprendre de ses élèves tout autant qu'ils peuvent apprendre de nous, la création d'un esprit positif face aux défis et à l'ambiguïté inhérente à l'enseignement à la diversité ethnique et culturelle des élèves, et finalement, le développement d'un esprit ouvert au compromis, au changement et à la diversité.

∽

Les habiletés

Certaines habiletés sont reconnues pour être déterminantes dans l'évaluation d'un enseignement à la diversité qui soit significatif: établir un espace favorable à l'apprentissage en ayant recours à plusieurs approches, à la planification d'activités et de projets variés, maximiser l'apprentissage académique en ayant recours à une participation des élèves au contenu, valoriser la pensée critique, fournir des consignes claires, superviser la progression académique de chaque élève, fournir de la rétroaction et du renforcement positif. Les enseignants dans un environnement pluraliste devraient participer à l'apprentissage d'habiletés de communication interpersonnelle en vue de transcender les barrières culturelles. Ils devraient ausi faire en sorte que les techniques utilisées pour faire valoir leurs consignes transcendent ces barrières afin d'être réellement significatives en milieu pluraliste. Diane précise comme suit:

Enseigner aujourd'hui est une tâche complexe et difficile. Les enseignants ont besoin d'habiletés aujourd'hui qui n'étaient pas nécessaires lorsque j'ai débuté ma carrière d'enseignante. À l'époque, on allait à l'école et on enseignait. Tout ce qu'on nous demandait était de connaître notre matière, être en mesure de transmettre nos connaissances, et le tour était joué. De nos jours, pour réellement faire notre métier, on a besoin d'habiletés différentes.

Dans le contexte scolaire actuel de plus en plus complexe, il s'avère nettement insuffisant que les enseignants transmettent uniquement le contenu du programme d'études. En effet, selon l'expérience de Diane, on exige des enseignants un plus grand nombre d'habiletés afin de rejoindre véritablement leurs diverses clientèles parmi le groupe d'élèves. Au cours de mes échanges avec les enseignants, j'ai été à même de valider qu'ils sont pleinement conscients des demandes croissantes exigées par leur profession.

∽

Savoir écouter

Dans un environnement pluraliste, les enseignants doivent savoir écouter afin d'inclure la vision de chaque élève pour le bénéfice global de la classe. Ce faisant, les enseignants seront à même d'explorer et mieux connaître l'environnement, la culture d'origine et la sensibilité propres à chaque élève. L'écoute doit être développée non seulement afin de favoriser l'apprentissage des élèves, mais afin de leur offrir une plateforme de réflexion pour enrichir leur propre expérience et les épauler pour savoir comment répondre aux divers points de vue d'une société. Une façon significative de favoriser le dialogue interculturel est de s'imposer une certaine dose de retenue, donnant ainsi pleinement ouverture au droit de parole des autres.

Nadine souligne à quel point est forte la virulence du préjugé de nature ethnique, culturel ou linguistique. Au lieu d'y donner foi aveuglément, pourquoi ne pas simplement écouter avec attention ce que les jeunes ont à raconter à leurs enseignants?

C'est bien de connaître la nature de l'environnement familial des élèves. Je crois que cela est important en effet. Mais si nous prenons le temps d'écouter véritablement les élèves, c'est souvent nous qui en apprendrons le plus. Il arrive parfois lorsqu'on pénètre dans l'intimité de la vie familiale, qu'on en ressorte avec un préjugé sur l'enfant, ou que nous le placions dans une catégorie qui soit positive ou au contraire négative. Tandis que je crois que ce que nous devrions tous faire, c'est d'écouter l'enfant. Il peut être aidant de connaître certains besoins de l'enfant, mais il peut arriver aussi que cela ne soit pas toujours nécessaire. En fait, cela peut nous fermer à d'autres informations, ou encore à celles que nous pourrions pu obtenir par une écoute active.

Il faut écouter les enfants. Nous pouvons toujours apprendre davantage. Il nous faut écouter et observer ce que l'enfant vit et comment il s'en ressent. Parfois, connaître l'origine et l'histoire de l'enfant peut nourrir en nous des préjugés, mais si l'enfant vient nous voir et qu'il est en colère, dites-lui de vous en parler. Il nous faut recourir à ce que nous connaissons de la vie de l'enfant afin de créer un pont de communication et d'interaction avec lui.

Il m'arrive souvent d'entendre des enseignants s'exclamer: « Alors, à quoi tu t'attendais? Tu sais d'où il vient, non? » Vous aussi, vous entendrez cela. Que pouvons-nous faire? Peut-être cet enfant tente d'exprimer quelque chose depuis plusieurs jours et nous n'avons pas véritablement entendu le message parce que nous ne pouvons imaginer que cela soit le cas. En fait, nous entendons ce que nous espérons entendre, sur la base de ce que nous connaissons de l'environnement familial de l'enfant ou de sa culture d'origine.

Une relation de confiance avec ses élèves est possible si les enseignants s'assurent que la communication ne soit pas rompue. L'anecdote qui suit racontée par Sarah nous démontre l'importance d'écouter véritablement ses élèves.

Si j'écoute attentivement mais sans ouverture d'esprit, je ne pourrai être touchée par ce que me dit un élève, touchée dans ma compassion et ma compréhension. Si je ne suis pas touchée, il ne pourra y avoir de réponse à ce que me dit cet élève. Auquel cas, je serai en train d'entendre, mais pas d'écouter.

Si j'écoute attentivement avec ouverture d'esprit, je serai en mesure de répondre véritablement à ce que me dit cet élève. Sans doute je devrai répondre aux besoins de tous les autres élèves de la classe, mais par la suite, dès que je pourrai me libérer pour quelques minutes, je retournerai écouter cet élève afin de comprendre ce qu'il tente véritablement de me dire.

Selon Queenie, écouter ce que disent les parents exige beaucoup de concentration et des habiletés exceptionnelles en écoute active afin de véritablement comprendre ce qu'ils sont en train d'exprimer. À titre d'exemple, si des parents ont un accent en parlant français ou anglais, les enseignants devront déployer des efforts supplémentaires en termes d'écoute.

Chaque enseignant doit être habile à écouter, à bien écouter. Je vous donne un exemple: il y a des parents à mon école qui, lorsqu'ils parlent, leur façon de parler semble différente et je dois prêter l'oreille davantage. Si l'un des parents possède un lourd accent, je ne peux pas en être irritée et quitter la rencontre sous prétexte que je ne puis le comprendre qu'avec difficulté. Je dois faire une pause, porter mon regard sur le parent et écouter avec toute mon attention ce que le parent tente de m'exprimer. N'oubliez pas: cette personne ne vous comprend pas nécessairement ainsi que ce que vous tentez de lui dire. Nous oublions souvent que nous parlons avec un débit rapide ce qui fait qu'on ne nous comprend pas davantage.

Nadine et Sarah nous recommandent d'écouter les élèves préalablement à notre formulation d'hypothèses sur leur vie, hypothèses qui par ailleurs pourraient s'avérer erronées. Il faut donc véritablement écouter avec un esprit ouvert. Queenie, elle, nous souligne l'importance d'écouter les parents avec attention et diligence, particulièrement si leur langue maternelle n'est ni le français ni l'anglais. Les observations et les commentaires formulés par les enseignants sont à l'effet que ceux et celles qui se trouvent de par leur fonction en position d'autorité morale (tels les enseignants) doivent prendre la responsabilité d'entamer ce processus d'écoute. Si nous écoutons les élèves et les parents avec un coeur et un esprit ouverts, un dialogue naîtra, ce qui sera une grande source de valorisation pour l'enseignant.

Résoudre les conflits

Les enseignants doivent apprendre à agir comme médiateur face au conflit, formuler des suggestions et server de guide afin de donner les outils aux élèves pour analyser et résoudre le conflit par eux-mêmes. Dans un contexte où la salle de classe peut comprendre un grand nombre de cultures et points de vue divers, les habiletés pour les enseignants en matière de résolution de conflits sont devenues de plus en plus nécessaires. Une façon de réduire les conséquences de la différence est de connaître les techniques de médiation. Plus loin dans ce livre, je souligne comment négocient les enseignants et comment font-ils pour transcender la différence. Je donne aussi des exemples de comment les enseignants tentent de résoudre un conflit de façon constructive. Ceci dit, je crois nécessaire de souligner que les enseignants identifient les habiletés en résolution de conflits comme essentielles pour aborder les questions de différences au sein de la classe et de l'école.

Travailler en coopération et collaboration

Il devient de plus en plus important dans un environnement interculturel de travailler en collaboration avec les élèves, les parents et les collègues enseignants, tout en nourrissant la coopération parmi les nombreux intervenants dans la communauté scolaire. Le rôle de la famille, de l'enseignant, de la communauté et de l'école a ceci en commun qu'ils ont tous comme objectif de fournir un environnement visant la réussite scolaire. Chacun remplit son rôle de façon complémentaire en amenant l'élève vers la réussite. Queenie nous souligne l'importance de travailler en collégialité afin de créer un environnement visant le succès scolaire, en dépit des différences parfois irréconciliables que vivent les divers paliers d'intervenants entre eux.

Le travail d'équipe est important. Depuis que je travaille ici, j'ai rencontré de nombreuses difficultés parce que chacun a ses propres besoins, ses propres objectifs. Il est alors difficile de penser que nous avons un objectif commun à atteindre. Nous devons partager et collaborer.

Un climat de collaboration, où nos efforts sont investis dans une mission commune, contribue à créer une saine interaction entre les divers intervenants, tout en améliorant la qualité des relations humaines. Pour Diane, ce ne sont pas uniquement les élèves qui devraient apprendre les habiletés de coopération: les enseignants devraient également les apprendre. Une école qui souhaite inclure tous ses divers intervenants encourage chacun à communiquer les uns avec les autres à une fréquence régulière. Elle dispose ainsi de toutes les capacités de construire un véritable dialogue au quotidien et le prévoit dans sa structure et son horaire. Le résultat permet au groupe de mieux résoudre les situations problématiques où tous sont interpellés par le *bien commun*, l'enseignement aux élèves.

Disposant de moins en moins de ressources, d'équipement et de personnel, nous n'avons pas d'autre choix que de travailler ensemble en collaboration avec tous les enseignants de l'école. Nous évoquons souvent l'idée de l'apprentissage coopératif chez les enfants: eh bien, que diriez-vous d'apprentissage coopératif pour les enseignants et les parents?

L'héritage laissé par notre classe sociale et culturelle d'origine a une influence directe sur la façon dont les parents envisagent leur participation dans l'éducation de leurs enfants. Pour bien des parents, si leur enfant n'a pas de problèmes de comportement et s'il obtient de bons résultats scolaires, il n'y a pas de raison pour rencontrer l'enseignant de l'enfant. En d'autres termes, pas de nouvelles, bonnes nouvelles: l'école est la responsabilité de l'enseignant. Lorsque les enseignants tentent de communiquer avec les parents et d'établir une relation de collaboration avec les parents et les élèves, ils devraient modifier certains de leurs objectifs, leur stratégie et leurs attentes. En effet, les différences culturelles mettront en lumière les différences entre la culture de l'école et celle de la maison familiale. Dans l'exemple qui suit, Sorin nous souligne comment sa conviction de requérir la collaboration parentale a causé certains malentendus avec son élève.

En autant que cela soit possible, essayez d'avoir un contact de façon régulière avec la famille. Amenez la famille à comprendre le système qui est en place à l'école. Amenez-les à comprendre le développement de leur enfant à l'école ainsi que ce qu'ils peuvent faire à la maison pour aider leur enfant, même s'ils ne parlent pas le français.

Chaque soir, je donne à mes élèves une dictée à compléter d'une durée de dix à quinze minutes. Je demande aux parents d'être présents auprès de leur enfant lorsqu'ils font la lecture et la dictée, même s'ils ne comprennent pas ce que l'enfant dit. La première fois qu'ils viennent en classe me rencontrer, je leur montre le livre, de manière à ce qu'ils puissent en prendre connaissance et le reconnaître. Même si les parents ne comprennent pas le français, ils peuvent ainsi participer à l'éducation de leurs enfants.

Une fois, j'ai demandé à un parent originaire d'Haïti d'aider sa fille, de passer du temps avec elle le soir lorsqu'elle lit. Je me suis rapidement rendu compte que la fillette devenait de plus en plus renfermée et j'ai même constaté la présence d'ecchymoses sur sa peau. J'étais très inquiet et j'en ai parlé au travailleur social. Assez rapidement, nous avons découvert que la fillette était battue à la maison. On m'a demandé de laisser le travailleur social s'en occuper et je ne m'en suis pas mêlé mais j'ai gardé l'oeil ouvert sur elle et j'ai essayé de l'aider lorsque je le pouvais.

Un jour, le père de cette fillette est venu dans ma classe et désirait parler à sa fille. Il n'avait pas frappé à la porte, je lui ai donc demandé de quitter ma classe et de frapper à la porte, puisqu'après tout c'est ce que nous faisons ici au Canada. Je savais que je réagissais de cette manière à cause de ce qu'il faisait à sa fille. Il a quitté ma classe, a fermé la porte et a ensuite frappé à la porte et a attendu qu'on l'autorise à entrer. Je lui ai évidemment permis de parler à sa fille et j'ai ensuite commencé à discuter avec lui. Nous avons abordé le sujet de la discipline et il a dit que ses parents le frappaient toujours lorsqu'il ne se comportait pas correctement. Je l'ai rassuré que sa fille se comportait correctement. Il a répondu: « Mais elle ne fait pas son travail dans ce cours ». Je l'ai à nouveau rassuré qu'elle faisait son travail mais qu'elle avait besoin de préparer ses dictées à la maison, comme la plupart des élèves. Il a demandé comment se pouvait-il qu'elle fasse son travail si je lui demandais de lire avec sa fille le soir.

Voyez-vous, il ne parvenait tout simplement pas à comprendre pourquoi je lui avais demandé de lire avec sa fille le soir. Il avait interprété cela comme voulant dire qu'elle ne faisait pas son travail et que je la punissais parce qu'elle ne se comportait pas correctement. Ce n'était pas le fait que sa fille avait des devoirs mais plutôt le fait qu'on lui avait demandé de superviser le travail de sa fille. Je demande aux parents de s'impliquer dans l'éducation de leurs enfants et voilà ce qui est arrivé.

Maintenant, je communique souvent avec les parents. Je leur demande de venir me voir durant les pauses. Je les invite à se joindre à nous dans la classe. J'accorde beaucoup d'attention à ce que je leur dis : je veux qu'ils comprennent ce que je fais et les raisons pour ce faire.

Sorin a toujours cru qu'il devait maintenir des liens avec les parents des élèves. Maintenant, il est d'avis que cela est d'autant plus nécessaire aujourd'hui, particulièrement à la lumière de la situation racontée plus haut. Bien sûr, la compréhension que Sorin a du rôle du parent dans le cadre de l'éducation de son enfant diffère sensiblement de celle du papa en question. C'est pourquoi la création de relations entre les parents, les enseignants et les élèves qui soient basées sur la collaboration sera nettement plus difficile à instaurer lorsque les cultures d'origine ont une compréhension de la relation parent/enseignant diamétralement opposée à celle que l'enseignant souhaiterait créer.

◈

Être patient

La patience doit présider à toute tentative d'instaurer un véritable dialogue. Ainsi, pour instaurer ce dialogue, il est recommandé de prendre un peu de recul et de se pencher sur ses propres présuppositions. Nous prendrons ces *a priori* et les comparerons à ceux qui diffèrent des nôtres. Dans l'anecdote qui suit, Pierre nous explique comment il a réussi à mettre en place une structure de support destinée aux élèves qui rencontrent des difficultés dans leurs travaux. Même si ces mesures peuvent répondre à certains besoins de première ligne, Pierre demeure conscient qu'il lui faut demeurer patient avant de constater les premiers résultats.

Il faut être très patient. Cela fait partie du travail de l'enseignant : être patient. Ce que je veux dire lorsque je dis qu'il faut être patient, c'est que lorsque vous constatez que les progrès d'un élève se font plutôt lentement, vous devez examiner la situation dans son ensemble. Par exemple, j'ai huit ou neuf élèves dans ma classe (ce qui représente presque la moitié des élèves de ma classe) dont les travaux sont plus ou moins bien faits et ne s'améliorent pas beaucoup, même après deux mois à l'école. Je sais également que leurs parents ne peuvent les aider à faire leurs devoirs parce qu'ils ne parlent pas français. Aussi, après l'école, nous avons une période d'étude et je me suis organisé pour que six de mes élèves y participent. Après l'école donc, ils font leurs travaux en compagnie d'élèves réguliers et d'un enseignant. Avec cette petite heure additionnelle par jour, même si la courbe d'apprentissage se fait lentement, on constate habituellement un certain progrès.

Diane est aussi d'avis que pour enseigner, il faut être patient. Elle a plusieurs élèves qui accusent diverses difficultés d'apprentissage; à moins que ces difficultés ne soient spécifiquement adressées une à une, l'élève ne pourra tout simplement pas progresser.

Il nous faut être compréhensif et patient. Enseigner est un métier où cela est absolument nécessaire. Je rencontre un grand nombre d'enseignants qui ne sont pas patients avec leurs élèves et on devrait s'en inquiéter. Ces enseignants pensent souvent que les élèves doivent tout savoir et tout faire comme il faut. Aujourd'hui, les jeunes rencontrent de véritables problèmes et si on n'est pas en mesure d'être patient envers eux, il ne se passera rien.

Sorin est patient lorsque ses élèves apprennent à vivre et s'adapter dans un nouveau pays, dans une nouvelle langue, avec une nouvelle façon de vivre. On oublie trop souvent que chacun de ces nouveaux éléments a un véritable impact sur la capacité d'apprentissage des élèves.

Il faut être patient. On doit répéter les mêmes choses deux à trois fois parce que plusieurs de ces élèves apprennent une nouvelle langue, une nouvelle manière de faire les choses. Ils vont commencer à réussir en classe tout doucement et cela aura pour effet de les motiver à continuer à travailler.

Un enseignant à la diversité souhaitant contribuer à faire une véritable différence dans la vie de ses élèves va reconnaître le contexte et les circonstances particulières dans lesquels évolue chaque élève, mettant ainsi à l'essai toutes ses habiletés en matière de patience. Cette patience donnera aux élèves l'espace-temps nécessaire pour apprendre et grandir. De tels enseignants ont identifié certaines habiletés qui leur paraissent nécessaires afin de faire grandir la qualité de leur relation avec leurs élèves. Ces habiletés se traduisent par une écoute attentive et véritable provenant tant du coeur que de l'esprit, la résolution de conflits par le recours à la médiation, la collaboration dans le travail auprès de tous les intervenants de l'école, et, enfin, le développement d'une somme de patience telle pour vous assurer que chacun de vos élèves ait l'opportunité de grandir et d'apprendre.

༄

Les valeurs

Les valeurs sont des concepts souvent vagues et abstraits. Les valeurs représentent nos conceptions de la vie, des choses et des rapports humains et qui motivent nos comportements. Nos comportements sont le reflet de nos valeurs. Certaines valeurs telles l'équité, l'égalité et la justice constituent des *valeurs universelles*, des valeurs évocatrices pour tous les élèves. Chacun de nous fait l'apprentissage de ces valeurs à partir de situations bien concrètes que nous avons vécues. Apprendre et enseigner dans un monde en constante mutation au chapitre des valeurs exige que nous nous attardions à celles qui servent de guide aux enseignants. Il est vrai que la responsabilisation et le respect des autres constituent souvent la pierre angulaire de nombreux programmes d'école; en revanche, il existe de nombreuses autres valeurs qui permettent de développer une société dans laquelle les citoyens peuvent maximiser leur potentiel et réaliser leurs rêves. Nos enseignants ont identifié les valeurs suivantes: l'honnêteté, la dignité, l'égalité et l'estime de soi comme étant les valeurs fondamentales que les enseignants doivent développer.

∽

L'honnêteté

Dès son plus âge, John a compris qu'il vaut mieux être honnête avec les enfants, car à défaut, cela ne servira à rien. Si les enseignants sont honnêtes envers leurs élèves, les élèves feront de même envers leurs enseignants. « *Mon père disait toujours qu'il y a deux sortes de gens qu'on ne peut berner: un ivrogne et un enfant. Si tu es honnête, tes étudiants le seront aussi* ». Queenie tient en haute estime l'honnêteté comme valeur suprême et, conséquemment, elle souhaite que cette valeur s'inscrive au coeur de la culture de son école et auprès des élèves. Il n'existe aucune autre façon de convaincre quelqu'un de l'importance de cette valeur que de la lui démontrer le plus souvent possible, avec constance. Queenie raconte que si elle insiste auprès de ses élèves afin qu'ils soient honnêtes, elle contribue à développer leur discipline personnelle et leur responsabilisation.

Il faut être honnête avec ces jeunes. Ce matin, deux jeunes entrent par la porte avant de l'école. C'est seulement l'un de ces jeunes, la soeur, qui se rend au bureau de l'administration, avec son carnet de retards en main, ce dernier indiquant ses nombreux retards. Le jeune garçon passe devant les bureaux de l'administration sans s'y arrêter parce que son enseignant ne lui donne pas de notes de retard. L'enseignant de la soeur les indique. L'enseignant de la jeune fille exige la ponctualité en classe, par conséquent elle prend note de tous ses retards.

Je travaillais dans mon bureau devant mon ordinateur et lorsqu'elle est entrée à l'administration, je lui ai demandé qui est l'autre personne qui est arrivée en même temps qu'elle. Elle m'a répondu en me disant que c'est son frère. J'ai alors demandé à ce qu'on aille le chercher en classe. Lorsque le jeune homme est entré, je lui dis: « Je crois que l'honnêteté est important. Il existe une règle dans cette école comme quoi si on arrive en retard à l'école, on va au bureau de l'administration. Ta soeur me dit que ton carnet de retard n'indique aucun retard, et vous arrivez ensemble. Ton carnet indique t-il tes retards? » Il me répond que son enseignant n'indique pas ses retards.

Ensuite, je lui demande: « Viens-tu au bureau pour avoir ta feuille d'admission en classe? » Il me répond que non. Je lui explique que cela ne me semble pas honnête et je lui dis que je me demande comment je pourrais lui faire confiance dans l'éventualité où il aurait un problème avec une autre personne. S'il venait me voir en me racontant son problème, comment pourrais-je lui faire confiance? « Aimerais-tu que j'ai confiance en toi? Alors, tu devrais te présenter à mon bureau si tu arrives en retard. Je crois que ce serait un bon début ».

Cet incident a touché une corde sensible chez lui parce qu'il a constaté qu'il pourrait un jour avoir besoin de mon aide. Je l'ai souvent dit à d'autres jeunes. « Sans doute ne devrais-je pas vous demander votre version des faits parce que je ne suis pas convaincue que vous allez me dire la vérité ». Après cela, ils finissent par venir me voir. Je leur ai toujours dit, vous dites la vérité et vous obtiendrez mon aide.

Je veux qu'ils développent le sens de la discipline et la responsabilité. Je veux que les jeunes disent « J'ai fait ceci, j'ai fait cela ». Cela fonctionne à tous les coups. Je félicite les jeunes qui sont honnêtes. Cela ne veut pas dire qu'il n'y aura aucune conséquence, mais j'arrive à comprendre tous les aspects d'une situation. Cela prend davantage de temps de faire les choses de cette façon. Dans l'autre école où je travaillais, on m'a critiquée pour passer autant de temps avec les jeunes.

En discutant avec ses élèves, Diane constate la portée de l'honnêteté et est convaincue que cette honnêteté est à la base des relations de confiance avec les élèves.

Les jeunes auront confiance en vous s'ils croient que vous méritez leur confiance. Vous ne pouvez dire une chose et son contraire, ou avoir des consignes pour les enseignants et d'autres pour les élèves. Vous devez être honnête avec eux et ne rien leur cacher.

Il y a quelques semaines, nous avons accueilli trois nouveaux jeunes qui provenaient d'une autre école. L'un des garçons, Robert, est en train de redoubler son année. Ce petit garçon a beaucoup de problèmes liés à ses émotions et il a aussi certaines difficultés d'apprentissage. Quelques jours après leur arrivée, je croise Robert dans le corridor. Je le salue, mais j'avais oublié son nom. Je vois qu'il n'était pas content que j'aie oublié son nom, alors je lui ai demandé s'il pouvait me rappeler son nom. Il se nomme, mais comme il tourne les talons, je vois que ses yeux sont humides, remplis d'eau, et il se met à pleurer. Tout de go, je lui dis que j'avais oublié son nom et que je m'en excuse. Je lui ai demandé de laisser une chance à l'école, même s'il était nouveau, et de me faire confiance et que je me rendrais disponible s'il avait besoin de moi.

Le lendemain, je suis dans la cour de récréation et je remarque Robert jouant avec un petit garçon. Je vais le voir et dis: « Bonjour, je vois que tu t'es fait un ami ». Il me dit que oui et il semble content que je l'ai remarqué dans la cour. Plus tard au cours de la même semaine, les garçons de la quatrième année jouent au ballon prisonnier pendant la récréation, mais Robert est seul et ne joue avec personne. Je m'approche de lui et lui demande de me suivre. Je rejoins les autres garçons jouant au ballon et leur demande si Robert peut jouer avec eux. Ils sont d'accord et l'invitent à se joindre au groupe, sans aucun problème. Il faut donc penser aux émotions de l'enfant et faire ce qu'on avait dit qu'on ferait. Si vous êtes honnête avec eux, ils vous feront confiance.

Queenie et Diane tiennent l'honnêteté en haute estime. Toutes deux s'engagent à faire valoir cette valeur à tout moment dans le cours de leurs interactions avec les élèves. S'exprimer avec honnêteté et sincérité est la pierre angulaire du dialogue entre nos différences.

∽

La dignité

L'enseignement à la diversité valorise notre humanité et notre dignité. C'est l'ensemble des composantes de l'humain qu'on prend en considération lorsqu'on traite d'enseignement à la diversité. C'est ainsi que la valeur intrinsèque de chaque personne est mise de l'avant et respectée pour ce qu'elle est. Lorsque les enseignants reconnaissent leur propre valeur en tant que personne, ils nourrissent un sentiment semblable envers leurs élèves. Marie va aussi loin que de dire que si les enseignants ne peuvent traiter leurs élèves avec la dignité à laquelle tout être humain a droit, ces enseignants devraient changer de métier. Marie raconte que lorsqu'un de ses élèves est l'objet de moqueries par ses pairs à cause du type de nourriture qu'il apporte à l'école, elle intervient directement en s'adressant devant la classe pour souligner que l'opprobre que subit l'élève, c'est-à-dire une critique de sa condition culturelle ou économique, constitue une atteinte à sa dignité.

Si vous ne respectez pas les enfants et ne préservez pas leur dignité, cela ne vaut pas la peine de devenir enseignant.

N'humiliez pas les enfants. Bien sûr, il arrive qu'ils vous font perdre patience mais évitez de les mettre mal à l'aise. Je me souviens qu'une de mes élèves une fois est venue me voir en pleurant parce que les autres élèves de la classe s'étaient moqués d'elle parce qu'elle mangeait toujours la même chose à chaque jour. Pour moi, c'est une question de dignité parce que c'est lié à la pauvreté. J'ai parlé à la classe parce que je ne tolère pas ce genre de comportement.

Sarah, elle, nous dit qu'elle aimerait vivre dans une société où les gens prennent leur part de responsabilité pour leurs actions tout en respectant les autres. En autant que cela soit possible, Sarah encourage ses élèves à se traiter soi-même ainsi que les autres avec dignité, à faire preuve de respect pour l'intégrité (physique et morale) de chaque personne.

J'accorde de l'importance à la notion de justice et je ne permettrai pas à mes étudiants de me parler d'une manière qui ne serait pas la mienne si je leur parlais. Je n'accepte pas les commentaires racistes ou sexistes. Cela est inacceptable. Ils doivent traiter les autres avec dignité et respect. Je n'accepterai pas qu'un de mes élèves s'exprime ou se comporte de façon irrespectueuse. En agissant ainsi, les élèves tenteraient d'amoindrir ma valeur ou celles des autres personnes dans la classe.

Je veux vivre dans une société au sein de laquelle les gens sont responsables de leurs gestes, de ce qu'ils pensent et de leurs actions tout en agissant de façon responsable les uns envers les autres. C'est une condition essentielle pour le développement personnel et pour que les gens se respectent les uns les autres. Tout cela a un lien direct avec la notion de justice. Je dis aux jeunes qu'ils doivent assumer la responsabilité de leurs propres actions. Il arrive aussi parfois qu'ils doivent exiger qu'on ne porte pas atteinte à leur dignité, « C'est ma vie, c'est mon corps, c'est comme ça que je suis ».

❧

L'équité

Afin que tous et chacun y trouve sa place, les sociétés caractérisées par leur multiculturalisme, multiethnicité et multiconfessionnalité se construisent sur le principe de l'égalité. Lorsque nous vivons et travaillons au sein de la diversité, il est plus simple de faire la présupposition que nous sommes tous égaux. Si les enseignants souhaitent offrir des opportunités d'apprentissage qui soient égales entre tous les élèves d'une classe, leurs attentes envers les élèves doivent être équitables entre ces derniers. Si une volonté politique est réellement attachée à la notion du *vivre-dans-la-diversité*, l'état manifesterait un plus grand respect envers chaque citoyen. En effet, comme nous sommes encore à la recherche de façons communes d'exprimer notre respect envers les gens et que nous ignorons encore comment intégrer cela dans nos vies, il m'apparaît que notre discours national demeure toujours en quête d'identité. Il est triste de constater que chaque nouvelle vague d'immigrants arrivant au Canada va devoir se battre pour convaincre les autres groupes sociaux de leur droit au respect de leur différence. L'un des paradoxes dans la construction d'une nation qui, faut-il le rappeler, doit son existence passée et future à l'immigration, c'est que les raisons qui poussent les immigrants à vouloir être respectés dans leur différence doivent être renforcées.

Viser l'excellence dans le système éducatif ne pourra perdurer dans le temps si nous ne pouvons offrir un enseignement qui vise l'égalité entre tous les intervenants. Ainsi, les élèves doivent se voir offrir les diverses opportunités offertes par l'école afin de leur permettre de développer leur plein potentiel. Nadine reconnaît que les besoins de ses élèves sont différents les uns des autres, et selon les circonstances propres à chacun d'eux. « *Afin de démontrer de l'équité entre les élèves, je réalise qu'il faut recourir à des règles différentes dans le traitement de chacun parce que les besoins de ces enfants sont différents de ceux des autres* ». Pour Marie, la façon équitable d'interagir avec les élèves exige que l'enseignant interagisse avec l'élève selon ses besoins propres.

J'ai l'impression que ces enfants sont comme mes enfants. J'espère être juste et ne pas favoriser qui que ce soit en particulier mais je ne suis pas capable de traiter tous mes élèves de la même manière parce que je sais quels sont ceux qui peuvent faire leurs devoirs et ceux qui ne peuvent pas les faire et les raisons expliquant ces deux cas de figure. On se doit d'être flexible et compréhensif.

Apprendre à affirmer sa différence plutôt que la nier est une action positive de promotion de l'égalité entre les élèves issus de la diversité. C'est ainsi que Sarah indique à ses élèves comment traiter chacun de façon équitable en terme de dignité humaine. Dès qu'elle constate que ce principe n'est pas respecté, elle en parle ouvertement devant la classe.

Les humains sont fondamentalement égaux en termes de dignité. Lorsque je parle de cela avec les jeunes, ils répondent : « Voyons, madame, ne me dites pas que je suis l'égal de ce type bien baraqué qui est en Secondaire 5. Je suis en Secondaire 1, je suis donc un "p'tit". Ils peuvent me pousser s'ils le veulent. Ne me dites pas que nous sommes égaux, madame ». Bien, je ne dis pas que vous êtes pareils, mais ce que je vous dis est que vous avez les mêmes droits, la même valeur, la même dignité. Lorsque je constate que ce principe n'est pas respecté dans ma classe, j'interviens.

Au bout du compte, dans nos écoles, si on insiste sur le fait que l'acceptation de la différence est une priorité, nous devons en mesurer l'impact sur le contexte social actuel dans lequel vivent nos élèves. L'enseignement à la diversité doit mettre l'accent sur l'équité et la justice sociale pour tous. Les enseignants démontrent comment ils mettent ces notions de l'avant, tant au travers du cursus académique, que dans la salle de classe, dans les travaux et projets des élèves, et les discussions dirigées en classe. Au meilleur de leurs habiletés, ils priorisent le sentiment de l'équité entre les élèves.

ɞ

L'estime de soi

En démontrant à quel point ils valorisent la contribution de chaque élève dans la classe, les enseignants contribuent à faire croître les capacités d'apprentissage de chaque élève. Lorsque les élèves sont encouragés et encadrés par les enseignants, ils développent une meilleure estime de soi. À défaut d'encadrement, ils ne se sentent pas concernés. Le rôle des enseignants est de créer un sens d'identité personnelle et culturelle et promouvoir la confiance des élèves dans leur capacité à apprendre et d'atteindre leurs objectifs académiques, voire la réussite scolaire. Nadine est tout à fait consciente des attentes des gens qui sont différentes par rapport à d'autres, selon qu'ils appartiennent à un groupe ethnique, culturel ou linguistique différent. Pour combattre des inégalités, Nadine n'a de cesse de rappeler aux élèves qu'ils doivent développer leur estime de soi, et qu'une des façons de réaliser cela est d'acquérir des connaissances académiques.

On parle de l'importance de la confiance et de l'estime de soi. Je ne puis ignorer le fait que si une personne blanche, noire ou asiatique pénètre dans cette pièce, les gens présents dans la salle les percevront chacune différemment. De plus, leurs attentes seront d'une autre nature selon le groupe ethnique auquel la personne appartient. On ne peut rien faire contre les attentes des gens. Par contre, les trois personnes de groupes ethniques différents ne peuvent qu'être elles-mêmes. Ils ont chacun le pouvoir de nous impressionner, de transcender les barrières qui peuvent exister. Je tente d'aider mes jeunes en leur faisant voir qu'ils peuvent augmenter leurs options et les nombreuses possibilités qui s'offrent à eux, parce que la réussite scolaire peut les rendre tous égaux. J'observe mes enfants et je crois sincèrement qu'ils ont tous le potentiel de réussir.

Je le vois déjà dans mes élèves de cinq ans. Ils veulent tous être premier de classe. Si je leur demande de se mettre en rang, ils se mettent en rang en voulant tous être le premier. Ils veulent être devant. Un jour, ils ont neuf ou dix ans, et que s'est-il passé entretemps? Ils savent qu'ils ont quelque chose à réaliser ou un objectif à atteindre. Mes jeunes savent ce qu'est la réussite scolaire et à quel point il est important d'atteindre cet objectif.

Sorin comprend que demander aux élèves de parler de leur pays d'origine peut contribuer à augmenter leur estime de soi. « *En classe, j'essaie d'encourager les élèves à accorder de la valeur à ce qu'ils apportent à ce pays en tant qu'immigrants. Je leur souligne à quel point chaque groupe d'immigrants a contribué à faire du Canada ce qu'il est devenu aujourd'hui* ». Dans l'anecdote qui suit, Sarah encourage son élève de foi musulmane, Laila, à poursuivre ses études et à obtenir son diplôme afin de se respecter elle-même et réaliser ses rêves.

Une de mes étudiantes est musulmane. L'Islam est la religion que je connais le moins bien. Cela m'agace que Laila porte le voile si elle se sent obligée de le porter. Si elle veut vraiment le porter, c'est une toute autre histoire. Le voile et des vêtements amples peuvent permettre aux femmes de se mettre à l'abri des hommes qui pensent avoir le droit de faire des commentaires au sujet du corps d'une femme et de son apparence. Si vous portez le voile pour respecter la volonté de Dieu, je pense que c'est bien, mais la réalité est que plusieurs femmes portent le voile parce que leur père, leur mari ou leurs frères le demandent.

Un jour, alors que nous discutions de justice et de liberté, Laila m'a dit:
« Madame, à quoi cela me sert-il d'aller à l'école lorsque la seule chose que je ferai, c'est de me marier lorsque j'aurai terminé mon Secondaire 5 et je ne travaillerai pas? Je serai toujours "la mère de" et "l'épouse de" quelqu'un, alors à quoi tout cela me servira t-il? » J'ai répondu: « L'éducation te permet de construire à partir de ce que tu es en tant que personne. Peu importe ce que tu fais dans la vie, l'éducation est importante. Lorsque tu seras mère et que tu élèveras tes enfants, tu verras à quel point il sera important d'avoir reçu une éducation. Tu seras un

modèle pour eux. Tu transmettras à tes enfants ce qu'ils ont besoin de connaître. Comment sais-tu que ton mari ne te quittera pas lorsque tu auras quarante ans et que tu auras eu deux enfants? Ne penses-tu pas que tu as besoin d'avoir reçu une éducation? Ne penses-tu pas que tu as le droit de recevoir une éducation? Tu ne peux jamais savoir ce qui t'arrivera dans la vie ».

Je sais que les garçons musulmans dans la classe n'apprécient pas toujours lorsque je parle de cette manière mais je dis aux filles qu'elles doivent aller à l'école pour elles-mêmes.

En somme, l'enseignement à la diversité exige des enseignants qu'ils endossent certaines valeurs: promouvoir l'honnêteté, reconnaître le droit de chaque élève d'être traité avec dignité, favoriser l'équité dans le respect de la différence, promouvoir l'estime de soi de chaque élève. Les valeurs et les comportements adoptés par les enseignants influencent les réflexions et les comportements des élèves.

Synonyme de défis, devenir un enseignant à la diversité consiste en quelque sorte une expérience de transformation personnelle. Les réflexions et les anecdotes des enseignants présentés au cours de ce chapitre peuvent servir d'éléments déclencheurs à de nombreuses discussions avec les élèves sur l'impact de l'intégration dans notre vie personnelle d'une philosophie pluraliste ou sur l'impact de préparer un élève à une société démocratique et juste. Dans un contexte où nous exigeons davantage de nos environnements scolaires, les enseignants n'auront d'autres choix que d'acquérir les habiletés pour comprendre le contexte de vie des élèves à l'extérieur de la classe et l'évolution du monde dans ses diverses composantes culturelles, tout en développant la capacité, c'est-à-dire l'attitude nécessaire permettant d'apprendre directement de ses élèves. Ils reconnaîtront également l'importance de créer un climat où règne un esprit positif et ouvert face à la diversité.

Si on souhaite construire un répertoire des habiletés requises pour enseigner à la diversité, les enseignants devraient développer leurs habiletés en matière d'écoute, de résolution de conflit, de patience et de collaboration. Dans le cadre de leurs interactions auprès des élèves, les enseignants devraient promouvoir l'honnêteté, la dignité, l'équité et l'estime de soi. À partir des anecdotes relatées ci-haut, il est clair que les enseignants possèdent une somme indéniable de connaissances et d'aptitudes en ce sens. Le succès qu'ils rencontrent dans leur travail s'explique par la qualité du dialogue interculturel qu'ils établissent ainsi que leur capacité à y inclure tous les intervenants.

Apprendre à interagir avec les élèves du XXIe siècle est un processus chargé de défis, incertain et évolutif. Ce processus exige des enseignants la volonté de modifier certains de leurs préjugés personnels et professionnels, s'interroger sur leurs valeurs et les motifs qui les ont poussés à choisir le métier d'enseignant. Le processus d'apprendre à enseigner à la diversité est trop souvent relégué au second plan, sans doute à cause de la relative facilité qu'est la transmission d'un contenu pédagogique et la méthode d'évaluation des apprentissages basée sur l'acquisition de la matière qui, croit-on, a fait ses preuves. Il est vrai que les approches pédagogiques adoptées par ces enseignants est de loin plus complexe.

À l'instar de ce que Queenie a confié, « *Cela prend davantage de temps de faire les choses de cette façon. Dans l'autre école où je travaillais, on m'a critiquée pour passer autant de temps avec les jeunes* ». Oui, cela exige davantage de temps parce que le processus n'est pas linéaire et qu'il met l'emphase sur les relations entre les personnes. Si un enseignant décide d'enseigner à la diversité et de prodiguer un enseignement significatif, cela exigera davantage de temps et de travail que de simplement transmettre un contenu académique. Il est évident que les zones grises et les défis seront nombreux, mais les récompenses le seront tout autant.

Au même titre que les enseignants recourent à un vaste réseau de ressources, ils nous démontrent leurs réflexions et leurs analyses critiques, le tout avec compréhension et humanité. L'objectif premier de ce chapitre était de prêter l'oreille aux expériences des enseignants et créer ainsi une vue d'ensemble des habiletés requises pour une personne qui souhaite entamer un véritable dialogue avec la diversité. Il apparaît très clairement que la richesse de ces réflexions permet de saisir l'ampleur de la tâche en matière des attitudes, des habiletés et des valeurs à développer. Ces réflexions donnent un sens à l'enseignement et à l'apprentissage ayant cours pendant ce présent siècle.

La salle de classe pluraliste

Dans ce chapitre, les enseignants exposent leurs réflexions de nature personnelle et professionnelle sur les outils qui leur permettent de transcender les différences qu'ils côtoient à l'école et dans leur classe. Ici aussi, je donne la parole aux enseignants d'expérience qui illustrent comment la compréhension de la diversité se transforme en de nouvelles formes de compréhension de *l'autre*. L'emphase sera placée sur leurs expériences pratiques, c'est-à-dire sur leur façon d'implanter de *nouvelles formes* de compréhension. C'est ainsi que les prochaines pages seront consacrées à examiner l'expérience des enseignants face à la diversité, au quotidien, dans le cadre de leur classe. On verra qu'il existe diverses pistes de solution à des situations pour le moins complexes. Les approches soulignées au cours de ce chapitre consistent en *une combinaison de stratégies multiples*, et *des pratiques visant la transformation personnelle*. Quoiqu'il existe un lien entre chaque approche, chacune d'entre elles sera examinée.

- établir un terrain d'entente
- devenir un agent de liaison interculturel
- développer un sentiment de compassion
- rechercher l'information contredisant le préjugé
- encourager les actions personnelles à un niveau global
- résoudre les conflits d'une façon constructive
- oser le changement
- agir équitablement selon les besoins de chacun
- construire un point entre la culture d'origine et le pays d'accueil
- lever les obstacles à la réussite scolaire

Si l'objectif de l'éducation est de préparer les élèves à participer en citoyens éclairés à une société pluraliste, les techniques d'enseignement doivent en être l'écho. Les anecdotes qui suivent nous éclairent sur les techniques des enseignants qui saisissent la portée de la différence et vont au-delà. Lorsque des gens de différentes cultures, confessions et ethnies, se retrouvent ensemble soit pour le travail, soit pour résoudre des difficultés ou simplement pour apprendre, on assiste à une éclosion d'idées innovatrices et un vocabulaire nouveau. On compare une culture à l'autre, une confession à l'autre, et rapidement, simplement, on constate une fusion des valeurs, des approches, des projets d'avenir. S'établissent des relations de collaboration, surgit une pensée critique, permettant de nouvelles formes de compréhension entre les gens. Ainsi, se crée un nouvel environnement d'apprentissage, avec un large spectre d'options. Au cours de ce chapitre, le groupe d'enseignants nous entretiendra de cela.

Les pages qui suivent offrent certaines techniques aux enseignants qui souhaitent comprendre la différence qui se trouve au quotidien dans leur classe. Une de ces techniques consiste en la négociation avec les élèves d'un *espace de compréhension et d'acceptation*. Cet espace signifie que la conséquence de ces négociations sera de dépasser les frontières des préjugés. Une autre conséquence consiste en la création d'un lieu où se fusionnent les cultures, et un lieu où éventuellement chacun réussit à aller au-delà de la différence.

✺

Établir un terrain d'entente

Plutôt que demeurer au stade du *pour* ou *contre* l'immigration et les conséquences sur notre propre culture, il serait urgent de se rallier à privilégier les interrelations interculturelles, multiconfessionnelles et ethniques pouvant créer des possibilités nouvelles de dialogue. Pour John et Diane, les différences et les ressemblances sont constamment en interaction, l'une souvent au détriment de l'autre et vice versa. Dans l'anecdote qui suit, John partage le fait qu'il faut une grande sensibilité et beaucoup de doigté pour discuter antisémitisme et discrimination. John comprend tout à fait les visages multiples que revêt l'oppression: face aux juifs, aux noirs, aux femmes. Lorsque le rabbin évoque la problématique d'être juif, John se met à parler au rabbin de la couleur de sa peau et du fait de grandir au Canada comme un petit enfant noir.

Il y a de cela quelques années, la question de la discrimination a soulevé quelques difficultés dans une de mes classes. Alors, nous avons échangé sur la question de la discrimination et de l'antisémitisme. Je réalisais que je pouvais discuter facilement de la discrimination faite aux juifs. Je pouvais partager tout ce que j'ai lu à ce sujet et les films que j'ai vus qui en traitaient. Mais quelque chose me disait que ça n'était pas suffisant pour pouvoir en discuter pleinement. J'ai alors discuté avec une enseignante dont les parents avaient survécu à l'Holocauste. J'en ai discuté avec elle parce que nous avons des points de vue communs, tant au niveau de nos opinions sur la discrimination que sur nos façons d'enseigner. J'étais certain qu'elle comprendrait ce que je tentais de faire. Nous en avons parlé et elle a suggéré que je communique avec un rabbin de sa connaissance. Au sein d'une des classes, le rabbin a parlé de l'Holocauste, puis il est revenu une seconde fois pour nous faire voir le film La liste de Schindler *et nous avons eu une bonne discussion avec les élèves.*

Avec le rabbin, nous avons tenté de montrer aux élèves que les gens seront toujours l'objet de discrimination par des personnes qui les voient comme étant différents. La discrimination prendra diverses formes, que ce soit en raison de la religion, de l'orientation sexuelle ou tout autre motif. Nous avons démontré aux élèves qu'un juif hassidique s'habille différemment, tout comme moi j'ai l'air différent à cause de la couleur de ma peau. Il est plus facile pour les gens d'exercer une discrimination à l'encontre de ceux qui ont l'air aussi différents des autres que le juif hassidique ou que le noir de peau. Nous avons également parlé d'autres peuples qui ont aussi été l'objet de discriminations, comme le peuple irlandais, ukrainien, turc ou mexicain. C'est ainsi que je souhaitais que les élèves fassent des liens dans leur esprit.

Dans l'anecdote qui suit, Diane démontre un réel effort de compréhension des comportements d'un de ses élèves envers une jeune fille de confession musulmane. On constate finalement que chacun d'entre nous exprime ses croyances, ses convictions religieuses ou spirituelles selon la façon qui lui est propre. Certains préfèrent les rituels, d'autres croient en des textes saints. En mettant l'emphase sur le comportement inapproprié du jeune élève, Diane souhaite engager ses élèves dans un dialogue sur les façons dont chacun respecte son dieu.

La question du port du hijab *est un sujet qui prête souvent à controverse, à savoir que les femmes devraient voiler leur tête ou non. En fait, cela ne me concerne pas, mais si un enfant se met à se moquer de cela, je vais m'assurer que cet enfant réalise ce qu'il est en train de faire. Il y a trois ans, j'avais un enfant de confession juive qui avait des difficultés avec ses émotions et des difficultés d'adaptation à l'environnement scolaire. Pendant la récréation, il courait partout et arrachait le* hijab *des filles pour qu'on puisse voir leur tête rasée et se moquer d'elles. Lorsque j'ai appris qu'il faisait cela, j'ai demandé aux filles et au garçon de venir me voir à mon bureau.*

J'ai commencé par m'adresser au garçon en lui demandant s'il connaissait la religion des filles et s'il savait pourquoi elles portent le hijab *et ce que cela représente pour elles. Il répond qu'il ne sait pas. Je lui demande alors s'il aimerait savoir ce qu'il en retourne à ce sujet et il me répond que oui. Je demande alors aux filles ce que représente le* hijab *et les motifs pour lesquelles elles le portent. Puis, je demande au garçon ce qu'il porte lorsqu'il est à la synagogue. Il explique aux filles ce que représente la* kipa. *Les filles ne connaissaient pas les rituels juifs.*

Je crois qu'en procédant de la sorte, je démontrais mon respect envers les deux religions, et j'ai évité de critiquer le garçon de façon négative. Je voulais qu'on ait un véritable échange plutôt que de laisser croire au garçon qu'il était « dans le trouble » tout en ignorant totalement ce que c'est qu'être musulman. Je suis pas mal certaine que tout le monde a quitté mon bureau satisfait.

John partage ici un incident au cours duquel certains de ses élèves d'origine noire voulaient explorer des boutiques érotiques de la rue Ste-Catherine. En s'adressant à ses élèves, il fait valoir l'oppression subie par les noirs et celle faite aux femmes par les hommes de toutes origines.

L'autre jour, un des élèves parlait de boutiques érotiques, films pornographiques et autres sujets du même acabit, et je l'ai entendu dire: « Wow, j'ai hâte au jour où je pourrai aller dans ces endroits ». Lorsque je l'ai entendu dire cela, je me suis retourné vers lui (cet élève est noir), et lui ai dit: « Depuis quatre siècles, ils vous ont exploité en faisant de l'argent sur votre dos parce que vous étiez noirs. Que penses-tu qui se passe avec ces femmes? En fréquentant ces endroits, tu appuies une autre forme d'exploitation. La plupart de ces femmes sont quasiment des esclaves et se font exploiter ».

Je voulais faire l'analogie entre l'esclavage et l'exploitation des noirs et le fait que l'exploitation peut prendre plusieurs formes. Je lui ai parlé de dignité et d'estime de soi, et j'ai fait le parallèle entre les deux. Parfois, la lumière ne se fait pas tout de suite, mais elle se fait quelque part, au cours du cheminement de l'élève.

Les enseignants ne voient pas toujours le résultat de ce qu'ils font. Parfois, le résultat ne se voit qu'à très long terme. Hier, je reçois un appel d'une élève qui a décidé de retourner à l'école. Elle m'appelait pour obtenir une lettre de recommandation, vous voyez?

Dans ces deux situations, John et Diane ont été les architectes des ponts qu'ils ont créés en identifiant les points communs entre des cultures. Ces histoires fascinantes démontrent comment l'unité peut se réaliser entre des différences et comment les enseignants peuvent donner une direction aux réflexions des élèves. Par ailleurs, pour accompagner les élèves dans leur prise de conscience des éléments qui sont communs à la condition humaine en dépit des apparentes différences, John et Diane ont eu recours à leur propre expérience de vie comme toile de fond.

∽

Devenir un agent de liaison interculturel

Il existe des agents de liaison interculturels qui accompagnent les élèves à s'intégrer dans leur environnement scolaire. En quelque sorte, ces agents se considèrent comme des membres de diverses communautés culturelles à la fois, tout en étant membres de leur propre communauté. Dans les anecdotes qui vont suivre, Diane et Sarah racontent comment un éducateur d'un Centre de la petite enfance (CPE) et un enseignant ont agi comme agent de liaison interculturel afin d'amener leurs collègues à voir autrement les différentes cultures et religions. Sans cet agent de liaison, Diane et Sarah n'auraient sans doute pas pu comprendre leurs élèves de la même façon.

Dans le premier exemple, Diane décrit l'importance du point de vue de Donna, une employée du CPE qui parle chinois. Les agents de liaison sont souvent des personnes biculturelles: ils sont familiers avec la culture de l'école et celle des représentants de la communauté culturelle d'origine. Il arrive souvent qu'ils sont originaires de la communauté culturelle d'où sont originaires également la majorité des élèves de l'école en question. Ainsi, ils sont plus à même de construire des ponts entre l'école d'une part, et la langue et la culture familiale d'un groupe d'élèves d'autre part.

J'ai une employée du CPE qui travaille à l'école. Son nom est Donna Chow. Elle est une formidable agente de liaison avec la communauté chinoise. Elle possède une sensibilité particulière et saisit bien les valeurs complexes qui sont en cause. À l'extérieur de l'école, elle accompagne plusieurs immigrants chinois à se familiariser avec leur langue d'adoption. Elle aide les femmes arrivées au pays pour être mariées à mieux comprendre le Canada. Dans l'éventualité de situations sensibles avec la communauté, j'en discute avec Donna qui dispose d'un réseau fort utile dans la communauté pouvant aider ou participer à résoudre une situation.

J'ai recours à Donna non seulement comme interprète à l'école, mais aussi pour expliquer certaines choses aux parents. À titre d'exemple, si j'ai un enfant qui doit être évalué, il est très difficile pour les parents de comprendre cela. Ils se mettent à s'inquiéter et à se demander ce qui ne va pas avec leur enfant, ce que l'école va faire avec leur enfant. Donna sait comment les rassurer, leur expliquer qu'il n'y a pas cause à inquiétudes, que l'école veut être en mesure de mieux aider l'enfant, et que la seule façon de le savoir est de procéder à une évaluation par un psychologue. Elle peut également leur expliquer ce qu'est l'école, notre expertise, que quelqu'un se déplacera à l'école une fois par semaine, va s'asseoir auprès de l'enfant et lui demander de répondre à un petit test. Elle peut leur expliquer que l'enfant ne doit pas faire un séjour à l'hôpital, ce que les parents semblent conclure aussitôt qu'on leur dit le mot « psychologue ». L'interaction de Donna avec les parents donne beaucoup plus de résultats que si nous disions simplement aux parents l'expression « évaluation psychologique » et que nous devions nous battre pour leur expliquer.

J'entends aussi de nombreuses histoires sur la vie personnelle des gens de la communauté chinoise, ce qui me permet de mieux comprendre la nature du problème d'un enfant de la communauté. Donna nous explique bien des choses, à moi et aux membres du personnel de l'école. Donna n'est pas mal à l'aise de parler des dysfonctionnements des gens de la communauté chinoise: les femmes souvent traitées comme des citoyennes de seconde catégorie, les dépendances des hommes aux jeux de hasards et de loterie, les disparités sociales entre les ouvriers chinois et ceux de Hong Kong. Donna connaît bien sa communauté, les enfants, l'école, et elle excelle à nous expliquer tout cela.

Il y a plusieurs années, deux jeunes filles chinoises se sont noyées. La douleur a été immense pour la famille et les gens de l'école. Avec l'aide de Donna, l'école a été en mesure d'aider les familles. Je sais qu'ils ont accepté notre aide à cause de la présence de Donna.

Les années ont passé, et une famille est revenue dans le quartier. Ils avaient un fils et ils voulaient que celui-ci fréquente notre école. Puis, deux autres enfants sont nés, des garçons, puis une fille. Donna était comme une gardienne. Elle a rappelé aux parents que leurs enfants devaient s'inscrire au CPE de sorte que les enfants reçoivent un encadrement lorsque les parents étaient absents, et ce même si les coûts d'inscription étaient élevés pour eux. Donna leur a dit qu'ils n'avaient pas le choix. C'était d'ailleurs à cause de leur propre négligence que leur première fille s'est noyée (elle était seule, sans la supervision d'un adulte). Ils ont suivi la recommandation de Donna.

Il y a aussi le cas où la mère ne parlait pas anglais et son conjoint était décédé. Elle avait de la famille à Toronto qui souhaitait qu'elle déménage de Montréal à Toronto. Donna n'était pas convaincue que déménager à Toronto servirait ses intérêts ainsi que ceux de ses enfants, à la lumière de la situation familiale. Donna demeurait discrète, lui donnant quelques conseils de temps à autre. La mère est finalement retournée avec ses enfants à Montréal. Donna l'a aidée à trouver un appartement dans une habitation de logement social ainsi qu'un emploi. Ses enfants sont à l'école et ils semblent très heureux, malgré les difficultés récentes et les nombreux changements dans leur vie. Même si des agents de liaison interculturels siègent sur le conseil de l'école, je suis ravie d'en avoir un à ma disposition comme Donna qui connaît si bien la communauté.

L'expérience de Sarah illustre comment le contact entre des groupes différents au plan culturel, ethnique ou religieux rencontre davantage de succès lorsque chacun a un statut d'égalité avec l'autre, comme cela est le cas entre Sarah et son collègue Jumal. La qualité du dialogue interculturel est d'autant accrue lorsque l'emphase est mise sur la coopération entre les gens, lorsque les membres du groupe poursuivent des objectifs communs, qu'ils sentent qu'ils sont tous égaux, qu'ils sont des individus distincts et qu'ils bénéficient d'un soutien institutionnel.

Pas cette année mais l'année dernière, lorsque nous étions à une plus grande école, un de nos enseignants s'appelait Jumal, il était libanais et un musulman pratiquant. C'était un type avec un bon sens de l'humour. Les gens l'appréciaient. C'était un type très bien mais il n'était pas très rigolo pendant le Ramadan. À chaque année, à l'époque du Ramadan, il était plutôt blême, on ne le voyait jamais dans la salle des professeurs.

À sa façon, sans en faire tout un plat et sans mentionner quoi que ce soit, il commençait à jeûner. Jumal a vraiment permis à un grand nombre d'enseignants de comprendre le quotidien des musulmans lors du Ramadan. Il parlait du courage et de la force physique qui sont nécessaires pour jeûner de cette manière.

Ce n'est pas une chose facile, le fait de se sentir différent des autres, lorsque tout le monde est en train de manger à l'heure du dîner et que vous allez prier.

Je me souviens lorsque La Presse *a publié un article qui critiquait le port du* hijab. *Nous étions réunis à l'heure du dîner et nous discutions de l'article et du* hijab *et Jumal était présent. Il nous a expliqué la signification philosophique et religieuse du port du* hijab. *Il ne fallait pas le voir comme étant une manière d'opprimer les femmes. C'était une manière pour la femme d'exprimer son désir d'accomplir la volonté de Dieu. Certains enseignants étaient d'avis qu'en réalité les femmes étaient forcées d'agir ainsi par leur père et leurs frères. Jumal a expliqué pourquoi sa femme avait choisi de ne pas porter le* hijab, *il a aussi expliqué ce que dit le Coran au sujet du* hijab.

À cause de Jumal, je pense que les enseignants ont beaucoup plus apprécié les étudiants musulmans de l'école. Nous avons eu des discussions à plusieurs reprises au sujet du hijab. *Lorsque nous avions des questions, nous allions le voir. Je pense que sa présence à l'école a permis à plusieurs d'entre nous de mieux comprendre ce qu'ils n'auraient pas compris autrement. Jumal ne nous disait rien à moins que nous lui ayons d'abord demandé. Il donnait simplement l'exemple. Nous étions prêt à l'écouter parce que c'était un homme droit et vertueux, un homme qui avait la foi, qui mettait ses valeurs en pratique et qui vivait conformément aux principes de sa religion.*

Le fait qu'il soit un membre du personnel comme nous a permis à certains d'entre nous qui ne connaissaient pas l'Islam de comprendre ce que vivaient certaines étudiantes musulmanes. Cela nous a permis, de façon générale, de mieux comprendre cette religion et nous l'a rendue moins abstraite, parce qu'il était un membre du personnel.

L'agente de liaison interculturelle Donna et l'enseignant Jumal sont des individus biculturels qui oeuvrent dans deux environnements complètement différents. En comprenant les codes sociaux, la connaissance, la culture et les rituels traditionnels de la culture d'origine des élèves, l'enseignant qui devient aussi un agent de liaison interculturel, développe naturellement des liens de solidarité avec les élèves. Un tel enseignant met un visage humain sur les croyances populaires et simplistes sur une culture donnée, une ethnie ou une confession quelconque. Donna et Jumal, en qualité d'agents de liaison interculturels au sein de leur école, sont des guides à qui on peut faire confiance à cause de la qualité des relations qu'ils ont réussi à développer avec leur communauté respective.

Développer un sentiment de compassion

La compassion permet de voir et entendre les choses différemment. Une classe où on trouve des éléments affectifs pour inviter les élèves à entrer dans la vie des gens de différents horizons sociaux et culturels contribue à ouvrir l'esprit des jeunes et leur faire ressentir de la compassion envers les autres. Ce sentiment de compassion leur permettra de respecter davantage le simple fait de l'existence des autres ainsi que leurs opinions des autres.

Les extraits d'anecdotes qui suivent illustrent comment Pierre et John tentent de faire développer chez leurs élèves le sentiment de compassion. Pour ce faire, ils leur présentent des gens différents d'eux-mêmes dans l'espoir qu'ils laissent tomber leurs préjugés. Pierre demande à ses élèves d'écouter l'histoire d'une petite fille de sept ans qui raconte comment vit sa famille. Lorsque les élèves s'esclaffent de rire, Pierre intervient comme suit:

Un jour, nous parlions des différentes pièces qui se trouvent dans une maison. Nous passions en revue le vocabulaire français. Je disais quelque chose comme: « Dans votre chambre, avez-vous ceci et cela? » L'élève à qui j'ai demandé de répondre à cette question me dit posément : « Pierre, je n'ai pas de chambre. Je dors dans le salon ». Cette petite fille originaire de la Chine, qui était âgée de sept ans, a expliqué que deux familles vivaient dans un quatre et demi à Montréal. Lorsque les autres élèves ont entendu cela, ils ont commencé à rire, même si plusieurs d'entre eux vivent eux-mêmes dans des appartements qui sont beaucoup trop petits. Je ne voulais pas que cette fillette soit mal à l'aise ou embarrassée, mais je voulais que les autres élèves comprennent que leur rire était inopportun, alors j'ai posé certaines questions à la fillette et elle a expliqué comment et où elle vivait.

La fillette nous a dit que neuf personnes, soit quatre adultes et cinq enfants, vivaient dans un espace normalement habité par une ou deux personnes. J'ai demandé à la fillette pourquoi il en était ainsi et elle expliqua que son père n'avait pas beaucoup d'argent et qu'il coûtait moins cher de vivre tous ensemble. Sa mère et sa tante préparent les repas et la petite fille dans ma classe prend soin de ses frères et soeurs et cousins et cousines. Les autres élèves de la classe écoutaient avec attention, en silence. Lorsqu'on comprend, on rit moins, n'est-ce pas?

John demande à une améridienne et sa fille de venir faire une présentation devant la classe pour faire part aux élèves des défis auxquelles doivent faire face aujourd'hui les nations autochtones du Canada. Présenter à des jeunes la réalité des autres, de ceux qui peuvent être l'objet de rejets ou de discrimination, peut aider les élèves à comprendre ce qu'est la discrimination et l'éviter. Permettre à une autre personne provenant d'un autre milieu culturel d'entrer dans notre conscience, c'est-à-dire dans notre monde, n'est pas une chose facile. Parfois même, cela peut nous faire sentir mal à l'aise parce que cette rencontre peut nous chambouler à l'intérieur. Apprendre à se mettre dans la peau de l'autre est une façon d'ouvrir le dialogue interculturel. C'est ce genre d'apprentissage que John souhaite faire avec ses élèves.

Après le travail, je me rends souvent à un studio de gym au centre-ville. Pendant le temps des Fêtes de l'an dernier, il y avait un type assis au coin et qui quêtait pour de l'argent au coin des rues Ste-Catherine et MacKay. Je lui ai acheté une tasse de café puis je prends le dernier train pour le retour à la maison. Quelques jours plus tard, je suis au même coin de rue et je vois une dame assise à côté du même type. J'ai l'impression qu'il s'est souvenu de moi à cause de l'autre soir car il a dit: « Si tu crois que j'ai eu la vie dure, écoute ce que cette femme a à raconter ». La dame est en larmes et je lui demande ce qui ne va pas. Elle me répond qu'elle est venue en ville avec sa fille qui a une tumeur au cerveau.

« Où est votre fille? » je lui demande. « Elle est au Faubourg ». J'ai dit à la dame: « Venez avec moi. Je veux la rencontrer ». J'ai commencé à discuter avec la fille et je lui ai dit que j'avais aussi une tumeur au cerveau. Je leur ai raconté que j'avais reçu des traitements et que mon médecin s'appelait Dr. A. Figurez-vous que Dr. A. était aussi le médecin traitant de la fille. « Dites à votre médecin que vous connaissez Johnny Campbell. Je le connais depuis des années. Il prendra bien soin de vous ».

J'ai demandé à la mère et la fille si elles avaient une objection à venir dans ma classe. Le lendemain, j'ai annoncé aux jeunes qu'une amérindienne et sa fille viendraient discuter avec eux. Je leur ai expliqué la situation. Lorsque la mère et la fille sont entrées dans la classe, les jeunes ont été impressionnés par l'apparence physique de la fille. Voyez-vous, la tumeur affectait la forme de son visage. Son visage pendait d'un côté de son visage.

Mes jeunes ont été touchés par ce que la mère et la fille avaient à raconter à propos de la maladie et de leur séjour dans une grande ville. Elles vivent dans une réserve. Lorsqu'elles sont arrivées à Montréal, bien des choses étaient nouvelles pour elles, bien des choses étaient difficiles à comprendre. Les cultures sont si différentes. Les jeunes ont décidé, par eux-mêmes, de faire passer un chapeau et chaque enfant a donné un peu de son argent. Comme si cela n'était pas suffisant, on sait que les jeunes peuvent être durs parfois, ils ont accompagné la fille jusqu'à la porte d'entrée, l'ont soulevée de sa chaise roulante afin de l'aider à sortir de l'édifice. Ils savaient qu'elle avait besoin d'aide.

Un peu plus tard, la personne la plus talentueuse en dessin a fait une grande carte postale à remettre à la jeune fille lorsqu'elle était à l'hôpital. Tous ont signé la carte. La mère nous donne encore des nouvelles. Les enfants ont été touchés. Je n'ai jamais pensé qu'ils réagiraient de cette façon. Ils m'ont épaté.

Les élèves de Pierre et John ont écouté des histoires de gens vivant des vies différentes de leurs propres histoires. En fait, Pierre et John ont demandé aux élèves de faire la rencontre de façons de vivre différentes des leurs. Les élèves de Pierre se sont tus et ont vite réalisé que les conditions de vie d'un des leurs (la petite fille qui vivait dans le salon) n'étaient pas si drôles. Quant aux élèves de John, ils ont offert, de leur plein gré et sans qu'on le leur demande, une somme d'argent ainsi qu'une carte pour la jeune fille malade qui se faisait soigner à l'hôpital. Le développement de la compassion nous permet de penser autrement à notre propre réalité et d'accorder de la valeur à celle des autres.

❧

Rechercher l'information contredisant le préjugé

Les enseignants doivent répondre à leurs élèves comme s'ils étaient des individus plutôt que les représentants d'un groupe culturel en particulier. En effet, en dépit de leurs meilleurs efforts, les enseignants perçoivent souvent leurs élèves comme les représentants d'un groupe culturel donné et ils ont tendance, comme plusieurs autres personnes, à faire des généralités à leur propos. En fait, il semble plus facile d'émettre des hypothèses que de poser des questions au sujet de ce que c'est qu'être pauvre, vivre avec une difficulté d'apprentissage, ou être noir. Les préjugés influencent la façon de transmettre l'information à propos d'un groupe culturel donné. Les préjugés créent des attentes à propos des gens et ceux qui en sont l'objet cherchent bien malgré eux à confirmer ces attentes.

Vous remarquerez dans cette anecdote qui est racontée par Queenie comment elle a pu glaner des informations au sujet d'un élève ayant des difficultés d'apprentissage et dont les difficultés ne correspondaient aux normes habituelles en cette matière. Vous verrez aussi comment Pierre a remis en question les commentaires sexistes émis par un de ses élèves. Pour sa part, Queenie est d'avis que le fait de coller des étiquettes sur les enfants s'est accru au cours des dernières années. Elle est aussi d'avis que coller une étiquette sur la façon d'apprendre d'un enfant restreint considérablement la capacité de cet enfant à développer de nouvelles habiletés, comme les mathématiques ou les échecs par exemple.

Regardez cette photo d'enfant. L'enfant est atteint d'un trouble envahissant du développement (TED). Il est inscrit dans une classe particulière pour les enfants qui ont de sérieuses difficultés d'apprentissage. Il ne sait pas compter mais il est un des meilleurs joueurs d'échecs de l'école. Ce jeune est sérieusement en train de faire remettre en question certains préjugés ayant trait aux résultats scolaires des jeunes vivant avec un TED. Nous l'avons encouragé à jouer aux échecs sur l'heure du midi. Au moment du championnat d'échecs de la commission scolaire, nous lui avons permis de représenter l'école. Il a bien joué. En fait, il a joué merveilleusement bien.

Depuis qu'il est devenu un champion d'échecs, ses résultats en mathématiques se sont nettement améliorés tandis que l'ensemble de ses notes a grimpé en flèche. Ce changement a été induit par une amélioration de son estime de soi, parce que maintenant, son talent a été souligné. Son nom a été mentionné dans l'infolettre remise aux parents. Il a gagné des prix, des médailles, un T-shirt, et le champion d'échecs réussit bien à l'école. Surprise, surprise!

Queenie a évalué les habiletés de son élève sous plusieurs angles, en misant essentiellement sur ses forces pour combattre les préjugés lies à sa condition (son « étiquette ») de TED. Par conséquent, le jeune est devenu un champion d'échecs reconnu au sein de la commission scolaire, et ses résultats en mathématiques se sont considérablement améliorés. Dans le cas de figure qui suit, nous verrons qui est Hamed. Pierre, l'enseignant de Hamed, est d'avis que pour favoriser l'équité entre ses élèves, Hamed doit collaborer aux tâches de la classe comme tous ses compagnons de classe.

Tous les élèves ont une tâche quotidienne; par exemple, chercher les collations, prendre les présences, nourrir la tortue. À toutes les deux semaines, on fait une rotation et chaque élève doit faire une autre tâche. Un de mes élèves est âgé de huit ans et il est originaire de la Somalie. Pendant une période de deux semaines, c'était à son tour de donner un coup de balai dans la classe.

Hamed est venu me voir après l'école et m'a dit qu'il ne pouvait pas balayer le plancher de la classe. Il m'a dit : « Je ne fais pas ce genre de choses. Ma mère lave et ma soeur nettoie et passe le balai. Elles font tout. Pendant ce temps-là, mon père, mon frère et moi, on joue aux cartes ou on regarde la télévision ».

C'était la première fois qu'un élève venait me voir et me parlait de cette manière. Sur le coup, j'ai été troublé par ses propos, mais j'ai compris quelques secondes plus tard que ce qu'il m'avait dit était le reflet de ce qu'il vivait à la maison. Je n'étais pas certain de ce que je devais faire dans un tel cas. Il a dit cela tout bonnement. Je lui ai donc dit que chaque élève dans la classe serait responsable de la même tâche au cours de l'année et que pour être juste envers tous les élèves de la classe, il aurait à passer le balai. Je lui ai également parlé des tâches domestiques que j'accomplis moi-même à la maison. J'ai conclu en disant que s'il y avait un problème, son père pouvait venir me voir et en discuter avec moi.

Eh bien, figurez-vous que l'enfant à persister dans son refus de faire la tâche en question. Dans les jours qui ont suivi la discussion, il refusait encore de passer le balai. J'ai expliqué que c'était être juste envers chacun des élèves que chacun accomplisse une tâche particulière. Finalement, il a lentement commencé à changer d'avis. Il a remarqué ce que faisaient les autres élèves, en particulier les garçons, ceux qui étaient en train de balayer, et il a finalement accepté de le faire, bien qu'à reculons.

Dans la classe d'arts plastiques, il ne voulait pas laver les pinceaux après les avoir utilisés. Tout ce qui avait trait au nettoyage n'était pas fait pour lui. Il aimait peindre mais il ne voulait pas nettoyer les pinceaux. Encore une fois, je lui ai expliqué qu'il en était peut-être ainsi à la maison mais qu'à l'école et dans la classe avec les autres garçons et filles, chacun avait une responsabilité et que s'il accepte de venir en classe, il devait alors accepter les règles de la classe et les responsabilités que les autres élèves acceptent. Hamed devait comprendre qu'il n'y avait pas de règles dans notre école qui soient expressément réservées aux filles et d'autres aux garçons. Je crois qu'il accepte cela maintenant, ou, du moins, lorsqu'il est à l'école !

Pierre reconnaît que Hamed n'est pas tenu de faire des tâches ménagères lorsqu'il est à la maison. Par contre, en ce qui a trait à l'école, Pierre est d'avis qu'il est de son ressort de faire remettre en question par Hamed les préjugés quant à la séparation des responsabilités domestiques basée sur le sexe. Pour Pierre, ces préjugés sont inacceptables au Canada. Lorsque Pierre a dû faire face aux commentaires de Hamed, il est allé au-delà de ses propres préjugés pour déterminer la meilleure façon de gérer la situation. Ses réflexions lui ont fait voir qu'il devait être ferme avec Hamed en misant sur le fait que les garçons et les filles de la classe qui, sans exception, menaient à terme leur tâche respective, allaient influencer sa perception des choses et éventuellement contribuer à modifier son comportement.

Il est plus facile d'étiqueter les gens qui ont des idées reçues et des préjugés que de tenter d'évaluer et comprendre une situation donnée. Lorsque sont encouragés la remise en question d'une pensée, d'une idée reçue ou d'un préjugé, les élèves apprennent à évaluer la valeur et la pertinence d'une information qui leur est transmise. Si on enseigne à des jeunes issus de la diversité, et qu'on souhaite faire remettre en question un préjugé, cela requiert du temps. En procédant ainsi, on autorise nos élèves à grandir en tant que personnes. Les anecdotes racontées par Queenie et Pierre illustrent comment les diverses habiletés et les interprétations culturelles du rôle entre les hommes et les femmes peuvent mener au-delà de la simple confrontation des idées reçues.

❧

Encourager les actions personnelles à un niveau global

Nous appréhendons souvent le monde sous deux aspects: il y a nous, et puis il y a eux. Lorsque nous concevons le monde ainsi, nous ignorons notre propre lien avec les humains, puisque nous persistons à diviser les gens selon leur couleur de peau, leur ethnie ou une autre classification quelconque. Un contenu pédagogique pluraliste ne peut exister de façon significative à moins qu'une pensée critique, juste et équitable, soit au coeur même de l'enseignement et de l'apprentissage. Un tel contenu pédagogique exige que les enseignants et les élèves soient compatissants face à la race humaine au-delà d'eux-mêmes, de leur famille et leurs amis. Parmi le groupe d'enseignants, Nadine et Sarah démontrent comment elles encouragent leurs élèves à prendre conscience des droits de l'enfance et du contexte socio-politique à l'extérieur du Canada. Lorsque les élèves sont encouragés à penser à la portée de leurs actions, ils développent naturellement une prise de conscience du monde dans son ensemble, de façon holistique. Dans l'extrait qui suit, Nadine explique ce que ses élèves ayant participé à un projet avec le YMCA dans cinq pays d'Amérique latine ont retenu de cette expérience exceptionnelle.

J'ai été impliquée dans un projet consistant en un partenariat entre le YMCA, notre école et cinq pays d'Amérique latine. Ce projet avait comme objectif de créer des programmes éducatifs sur les droits des enfants. L'objectif était aussi de valoriser l'expression orale des enfants, la solidarité et la responsabilisation. Les activités que nous avons créées étaient formidables et nous avons eu recours à diverses formes d'expression orale, que ce soit le conte, les marionnettes ou le théâtre.

Nous avons fait toutes sortes d'activités sur des sujets comme le droit à la libre expression, le droit à un avenir, à une éducation, à la sécurité, le fait de vivre au sein de sa communauté, son appartenance ethnique, et la préservation de sa langue. En échangeant avec les enfants, de nombreux sujets périphériques ont surgi, notamment la question de ce qu'on a besoin pour survivre (des aliments, une maison, des amis, des vêtements). Même si certains des enfants n'avaient que cinq ans, ils savaient déjà ce dont ils avaient besoin pour survivre. Nos activités avaient pour but de leur démontrer que les enfants pouvaient faire des choix et qu'ils avaient aussi des responsabilités.

Ce type de projet a permis aux enfants d'établir des liens entre les enfants d'autres pays. Les enfants se réjouissent de savoir que d'autres enfants dans le monde ont les mêmes émotions qu'eux, qu'ils ont des droits, des responsabilités. D'une certaine façon, ils commencent à apprivoiser le sentiment de l'engagement envers les enfants qui habitent au loin.

Dans une des classes, les enfants ont tracé le contour de leurs mains sur de grandes feuilles de papier et ont décrit tout ce qu'ils peuvent faire avec leurs mains. Lorsqu'ils ont terminé ce jeu, nous avons emballé les « petites mains en papier » et les avons envoyées en Équateur. Puis, nous avons échangé avec les enfants qui venaient de ce pays. Les enfants étaient très heureux d'échanger à ce sujet. On a appris comment était la vie, là-bas, pour eux. On a aussi échangé sur les difficultés de ces enfants. Certains enfants ont aussi exprimé le fait qu'au Canada aussi, il y avait des enfants en difficulté, mais de façon différente. J'ai demandé aux enfants de me dire comment le fait de connaître ses droits pouvait changer quelque chose dans leur vie et pour les enfants d'Amérique latine. Nous avons longuement parlé. Lorsque les enseignants d'Amérique latine sont arrivés à notre école et ont passé du temps avec nous, ils ont échangé avec eux. Certains enseignants ne parlaient qu'espagnol. Ce n'était pas un problème pour les enfants.

Je suis ravie d'avoir participé au projet. Il n'est pas toujours facile de savoir ce que les enfants retirent d'un tel projet, mais je n'ai aucun doute qu'ils ont su bénéficier pleinement des activités.

En s'impliquant dans le projet du YMCA, l'objectif de Nadine était de familiariser les enfants avec des valeurs universelles. Elle souhaitait présenter aux enfants un large spectre de cultures différentes pour leur permettre de s'extirper de leur propre façon de voir et de sentir les choses et leur permettre aussi de porter leur regard sur l'*autre* au moyen d'activités axées sur les droits des enfants. En fait, Nadine enseignait à ses élèves ce en quoi elle croit juste pour tous les enfants. Dans le cas de figure qui va suivre, Sarah tente de créer un environnement d'apprentissage qui encourage les élèves à méditer sur les valeurs dites canadiennes et les valeurs non démocratiques qu'on voit ailleurs dans le monde. Cet objectif, elle le fait par le biais de la littérature. Par le choix d'un roman qui aborde la question des droits humains, Sarah voulait que ses élèves soient imprégnés de la conscience que le Canada est un pays où chacun est libre, que la justice et la liberté sont des concepts pour lesquels il n'est pas nécessaire de se battre avec des armes.

Je demande à mes élèves de lire l'histoire de Carmen Quintana, une chilienne qui a été brûlée par les militaires durant le coup d'état de 1973 au cours duquel le gouvernement Allende a été renversé. J'ai choisi ce livre parce que je crois que les élèves peuvent s'identifier à cette jeune femme. Quintana a lutté pour quelque chose en quoi elle croyait. Plusieurs de ces adolescents sont en quête d'idéaux et voilà une femme idéaliste, qui croyait que sa famille, les Chiliens et les autres peuples de la terre ont le droit d'avoir du pain sur la table et le droit de travailler. Nous sommes si privilégiés dans ce pays que nous prenons beaucoup de choses pour acquis.

Les élèves aiment cette histoire parce que même si elle est terrible, ils peuvent s'identifier à Carmen Quintana. Dans ce livre, l'auteure parle de sa vie, sa jeunesse, du fait d'aller à l'école, de son adolescence, des fêtes auxquelles elle a participé. Par contre, je ne pense pas qu'ils peuvent automatiquement s'identifier au militantisme qu'elle avait alors qu'elle était adolescente. Certains élèves connaissent son histoire, particulièrement s'ils viennent d'Amérique centrale ou d'Amérique du Sud.

J'ai décidé d'exposer les élèves à cette histoire parce qu'elle a trait aux droits de la personne et parce que je veux qu'ils comprennent le contexte du pays qui est le avions demandé de nous parler de leur religion en classe. Ce jour-là, je leur demandais de nous rendre la pareille en faisant de même.

Marie a adressé la situation sans hésitation de façon à démontrer qu'elle n'approuvait pas le comportement de ce groupe d'élèves. Elle leur a rappelé que plus tôt dans l'année scolaire, toute la classe avait démontré beaucoup d'ouverture d'esprit à leur égard lorsqu'ils avaient montré leur rituel de prières lors du Ramadan, et maintenant, c'était à leur tour de faire preuve d'ouverture d'esprit et ne pas juger leurs collègues de classe. Dans des classes pluralistes, les enseignants font souvent face à des situations très polarisées et, en prévision de ces situations, il est important que les enseignants soient préparés à résoudre des conflits.

Dans l'exemple qui suit, Sorin nous explique comment il a tenté de résoudre un conflit d'une façon constructive. C'était une situation où étaient impliqués deux jeunes garçons agités et insubordonnés pour des raisons que Sorin n'arrivait pas à comprendre. La résolution de conflit peut aider dans l'établissement de relations de soutien mutuel entre l'enseignant et les élèves. Lorsque les enseignants veulent rendre les élèves autonomes à divers niveaux, cela aide les élèves à analyser et résoudre leurs conflits. L'approche privilégiée par Sorin démontre qu'il reconnaît et respecte les émotions et les préoccupations de chacun de ses élèves.

Ling, ce petit garçon qui était dans ma classe, harcelait Vladimir, un petit garçon d'origine russe. Ling faisait vraiment le pitre, bousculant Vladimir, le dérangeant tout le temps, faisant l'idiot. Vladimir m'en a parlé et j'ai tenté de parler à Ling. Cela n'a pas changé grand chose. Je ne sais pas pourquoi il ennuyait Vladimir. Je savais que Ling éprouvait de la difficulté à s'adapter à la langue et au fait d'être ici.

Par la suite, lorsque j'ai de nouveau parlé à Ling, il a dit qu'il espérait que l'avion ne quitterait pas. J'ai essayé de comprendre ce qu'il voulait dire. J'ai fini par comprendre qu'il faisait référence à l'avion que son père devait prendre pour retourner en Chine pour son travail. Ling était enfant unique. Sa mère travaille durant le jour et prend des cours de français le soir. Lorsque Ling retourne à la maison le soir, son père avait l'habitude d'y être et ils faisaient des choses ensemble, allaient au centre d'achats, rendaient visite à des gens. Il m'a dit qu'à chaque soir, il priait pour que l'avion ne quitte pas, pour que son père puisse rester ici avec sa famille.

Pour en revenir à Vladimir, je savais qu'il s'ennuyait de son père, lui aussi. Depuis la séparation de ses parents, il voyait rarement son père, parfois seulement durant la fin de semaine. J'ai expliqué à Vladimir que Ling faisait le pitre parce qu'il craignait de perdre son père et je suis certain qu'il pouvait comprendre cela parce qu'il s'ennuyait lui-même souvent de son père. J'ai expliqué que Ling voulait être son ami et qu'il était particulièrement doué pour les mathématiques. Vladimir avait besoin d'aide en mathématiques. Il a compris ce que je disais et a finalement accepté Ling. Le français de Vladimir a toujours été bon, de telle sorte qu'il donne un coup de main Ling en français.

Afin que Marie et Sorin puissent résoudre les conflits sévissant dans leur salle de classe, ils ont dû trouver des façons de résoudre ces conflits. Avant de réagir à la situation, nos deux enseignants ont tenté de comprendre les motivations sous-jacentes aux comportements des élèves. Par l'interprétation des incidences d'un point de vue holistique et en prenant en considération les motivations des élèves, leur sentiment d'isolement et l'apprentissage des religions telles que pratiquées par les autres, Marie et Sorin ont été en mesure de résoudre le conflit entre les élèves d'une façon juste et respectueuse. La façon dont ils ont procédé démontre qu'ils ont trouvé des façons alternatives d'instaurer un dialogue.

∽

Oser le changement

Les enseignants d'aujourd'hui font face à de nombreux défis. Les changements seront toujours présents dans les salles de classe et les enseignants devront faire preuve de souplesse, de capacité à s'adapter à diverses situations et besoins, d'ouverture face au changement et surtout de capacité à oeuvrer dans l'ambiguïté et l'incertitude liées au fait de travailler avec des élèves. Les enseignants qui font une différence significative auprès de la diversité s'adaptent à une variété de situations et de circonstances puisqu'ils prennent le temps nécessaire pour comprendre une situation avant de tenter de la résoudre.

Face à la diversité, il nous faut accepter l'existence d'une certaine part d'ambiguïté et d'incertitude. Face à des situations nouvelles, avec lesquelles nous ne sommes pas accoutumés, nous développons une nouvelle vision de ce qu'est l'apprentissage. Dans l'histoire qui suit, Sorin explique comment il a reçu une demande bien spéciale de la part d'un élève qui a vécu des événements d'une extrême violence dans son pays d'origine, le Nicaragua.

Malgré qu'il ne savait pas comment réagir, Sorin a fait tous les efforts possibles pour adapter son comportement et éventuellement le modifier pour le bien de l'élève.

Il y a deux ou trois ans, un de mes élèves était un petit garçon originaire du Nicaragua. Lorsqu'il était jeune, il avait vu son père et son oncle être fusillés par des soldats. Ils sont venus dans sa maison et il a tout vu. Je ne sais pas comment il a pu s'en échapper.

Pedro venait en classe à chaque jour, s'asseyait tranquillement et ne disait pas un mot. À chaque matin, à environ 10h00, il me demandait la permission d'aller à la salle de toilettes. Il ne parlait pas français, mais il pointait du doigt son estomac et disait « Señor mal. »

J'ai découvert par la suite qu'il allait à la salle de toilettes à tous les matins pour y vomir. C'est un des élèves qui m'en a informé. J'ai communiqué avec sa mère et elle l'a emmené voir le médecin. Quelques semaines plus tard, j'ai reçu une lettre d'un psychologue me demandant s'il me serait possible de jouer un rôle « paternel » plutôt que simplement d'enseignant et de passer plus de temps en compagnie de Pedro lorsque cela serait possible.

Bien, je ne peux dire que j'étais à l'aise avec cette demande. Qu'allais-je faire? Agir de façon paternelle. Cependant, je savais que Pedro et sa famille traversaient une période difficile, en raison du fait par exemple qu'ils devaient s'adapter au mode de vie du Québec. J'allais donc lui demander de m'aider, lui demander de faire des photocopies pour moi, de faire des choses pour moi à l'heure du dîner, de me parler. Cela a bien fonctionné. Je pense que cela a aidé.

En dépit du fait que Sorin était initialement récalcitrant à l'idée de joueur un rôle paternel par rapport à Pedro, puisqu'il n'était pas père lui-même et qu'il ignorait comment donner un encadrement comme le ferait un père, Sorin a senti comment respecter la recommandation du psychologue en prêtant une attention toute particulière à Pedro pendant sa période de deuil. Dans l'exemple qui va suivre, Queenie explique comment un de ses élèves s'est vu refuser la possibilité de faire un voyage d'école à Ottawa. Quoique Queenie comprenait pleinement les raisons pourquoi son élève s'est vue refuser cette activité, elle a néamoins communiqué avec le père afin de le persuader de revenir sur sa décision.

Tracey est originaire des Antilles. Elle n'a jamais fait de voyage auparavant. L'an dernier, lorsque j'ai organisé ce voyage à Ottawa, je tenais à ce que Tracey se joigne au groupe. Je n'avais pas réussi à convaincre son père de la laisser participer. Aller visiter Ottawa, cela fait partie d'une étude sociale, en quelque sorte, mais encore plus important, ce voyage permet aux élèves de visiter des musées, voir le Parlement, faire un pique-nique. C'est important que les jeunes voient le bâtiment où les lois du Canada sont votées, le bâtiment où siège la Cour suprême.

Le père de Tracey est un homme qui vit seul. Il n'a jamais permis que Tracey se joigne à un petit voyage scolaire. Il craint que quelque chose ne lui arrive. Je pressentais qu'elle devait venir parce que je sais qu'elle ne fait aucun voyage. En fait, elle ne peut quitter la maison sans qu'elle ne soit accompagnée de son père. Je suppose qu'il n'était pas nécessaire que je demande encore une fois, mais je tenais vraiment à ce que Tracey vienne avec le groupe.

J'ai communiqué avec son père et lui ai dit que je croyais qu'il était important pour Tracey de se rendre à Ottawa pour une visite avec ses compagnons de classe. Je l'ai assuré que je comprenais ses préoccupations. Je lui ai garanti qu'elle serait à mes côtés pendant toute la journée. Il avait ma parole. Je lui ai dit aussi que si quelque chose m'arrivait, alors ce quelque chose lui arriverait aussi, étant sous mon aile. Eh bien, je lui ai parlé les yeux dans les yeux, et j'ai réussi à le convaincre. Cette jeune fille a vécu une journée extraordinaire à Ottawa et elle en parle encore!

Queenie savait non seulement que Tracey vivait dans un environnement monoparental et surprotecteur, mais aussi que sa culture familiale antillaise où les parents « protègent » leurs filles jouait dans l'équation. Au cours des années précédentes, cette petite fille n'avait pas eu le droit de faire les voyages de fin d'année avec l'école à cause des craintes paternelles. Queenie voulait que Tracey soit exposée à des situations nouvelles et qu'elle s'engage dans une forme différente d'apprentissage à l'extérieur de la classe. Il a donc fallu du temps supplémentaire pour convaincre le père de Tracey, temps qui a porté fruit, comme Queenie l'a raconté.

Sorin et Queenie auraient pu gérer ces situations de façon plus classique, dirions-nous. Ainsi, Sorin aurait simplement pu conclure que le malaise de Pedro s'expliquait par le processus d'intégration sociale, culturelle et linguistique au Canada. Pour sa part, Queenie aurait pu accepter tout simplement que Tracey ne pourrait pas visiter la ville d'Ottawa. Au lieu de cela, nos enseignants ont tenté de changer l'attitude ou le comportement qu'ils auraient suivi habituellement, et ils ont choisi d'aller au-delà, de transcender les frontières culturelles, sociales et de genre afin de fournir à leurs élèves des opportunités nouvelles d'apprentissage. Chacun à leur façon, Sorin et Queenie ont démontré comment ils ont osé faire un changement dans l'espoir de poursuivre leur création d'environnements d'apprentissage qui soient équitables.

∽

Agir équitablement selon les besoins de chacun

Si les enseignants étaient daltoniens, leurs comportements auprès des élèves seraient absolument identiques, et il n'existerait *aucune* différence entre les élèves. Les enseignants prendraient pour acquis qu'être daltoniens, c'est agir de façon juste, honnête et éthique. Pour ces enseignants, voir la différence serait synonyme d'infériorité raciale, même si elle n'est pas fondée. En revanche, si tous les enseignants étaient daltoniens, un tel aveuglement à la couleur de la peau aurait comme résultat que ces enseignants refuseraient ou nieraient le droit à toute différence, parce qu'intérieurement, ils ne la voient pas, ils ne l'acceptent pas. Ce qui finalement revient à empêcher l'élève qui *est* différent d'évaluer sa propre réalité et qu'il soit obligé en fin de compte que sa différence devienne *invisible*. Aujourd'hui, on sait que les différences influent sur les capacités d'apprentissage.

Apprendre à affirmer sa différence plutôt que lui refuser son droit d'exister est un outil de promotion de l'équité entre les élèves issus de la diversité. En autant que cela soit possible, les attentes des enseignants doivent s'adapter au contexte de vie de leurs élèves. Dans l'histoire qui suit, Diane explique comment elle exprime différemment ses consignes à cause de l'environnement de l'élève en famille d'accueil. À cause de cette situation, l'enseignante reconnaît qu'elle doit adapter ses mesures disciplinaires d'une façon qui lui semble convenir aux circonstances.

Peter est pour le moins instable ces derniers temps. Je sais qu'il y a une certaine instabilité au niveau du foyer d'accueil où il habite. Je présume que cela rend Peter plutôt anxieux. Son enseignante est venue me voir à ce sujet puisqu'elle a de la difficulté à gérer ce qu'il fait en classe. Nous avons discuté et nous en sommes venues à établir une stratégie. Ainsi, lorsqu'elle ne pourra le gérer convenablement, elle l'envoie à mon bureau avec un mot « Tu voulais discuter avec Peter ». Peter *attend donc dans mon bureau, et dès que je dispose de quelques minutes, je m'assieds en face de lui et entame une discussion avec lui. Je ne veux pas lui demander des choses de nature personnelle ou investiguer inutilement. Je connais sa famille, sa mère, sa tante, et même sa grand-mère. Peter sait que je l'aime alors il aime bien me parler. Je crois qu'il a besoin de cela, et puis il retourne en classe et tout se passe bien.*

Si c'était un autre enfant, je dirais « tu as tort et tu sais que ton comportement est inacceptable dans cette école », mais je ne peux faire cela avec Peter parce qu'on ignore tous où se trouve sa mère en ce moment. Le jeune dérange la classe, il est vrai, mais en fait, par son comportement, il crie qu'il a besoin d'aide. Il demande à ce qu'on l'écoute, à ce qu'on entende ce qu'il a à dire. Ce jeune exige une forme différente d'attention et d'appui. Une fois que la situation entourant le foyer d'accueil sera réglée, il ira mieux. Une mesure disciplinaire de nature plus classique ou traditionnelle, comme avoir une retenue après l'école, ne donnera pas de résultat avec Peter. Il vient me voir et me parle pour environ dix à quinze minutes, et puis tout rentre dans l'ordre.

Lorsque les enseignants acceptent le simple fait de la différence, l'environnement familial de l'étudiant n'est pas remis en question. Les attentes qu'on a envers lui ne sont pas différentes. Si nous interagissons avec les autres de la même façon, sans férir, cela ne mène pas à l'égalité entre les élèves; cela peut au contraire servir à perpétuer l'inégalité qui existe déjà de toute façon.

Cela peut s'avérer difficile d'accepter le concept qu'un traitement équitable n'équivaut pas au traitement identique, parce qu'en ce faisant, nous pensons que nous devons réduire nos attentes ou *diluer* notre contenu de sorte que tous les élèves puissent apprendre. Toutefois, la question qui doit être posée est la suivante: est-ce que cette inégalité reflète une faiblesse ou une lacune de la part de l'élève, ou est-ce dû à un système scolaire qui distribue des ressources et des opportunités de façon inéquitable? Si nous acceptons la différence, alors nous devons emmagasiner les expériences positives des élèves qui peuvent servir de levier pour le futur. Plutôt que jeter le blâme sur le phénomène de la différence, il faut prendre en considération les réticences d'un système scolaire à rencontrer les besoins des élèves issus de la diversité. Dans l'exemple qui suit, Marie démontre comment elle a modifié le travail d'un élève à cause de ses responsabilités familiales. L'élève devait effectuer le même travail que ses compagnons de classe, mais certaines concessions ont été accordées par Marie afin de permettre à l'élève d'effectuer son travail scolaire.

Il y avait un petit garçon originaire des Philippines, Jason, qui n'est pas allé à l'école pendant deux ans dans son pays alors que sa mère attendait d'obtenir des autorités de Manille, les documents qui lui permettraient d'émigrer. Je ne suis jamais parvenue à comprendre pourquoi il en était ainsi, mais c'est ce qui s'est produit.

Jason est arrivé ici à notre école et il devait être en cinquième année mais il n'a pas été à l'école depuis la deuxième année. Même après avoir été dans ma classe depuis un certain temps, il ne faisait pas ses devoirs. J'ai donc essayé de comprendre ce qui se passait, pourquoi il ne faisait pas ses devoirs. Il y a un bébé dans sa famille. Durant le jour, la mère, qui est une mère monoparentale, prend soin de l'enfant, mais une fois que Jason et sa soeur sont arrivés à la maison, c'est à eux de prendre soin du bébé. La mère suivait un cours de langue et travaillait à temps partiel. Il arrivait souvent la nuit que le bébé ne dorme pas et lui-même ou sa mère devait en prendre soin, ce qui explique qu'il n'avait pas le temps nécessaire de faire ses devoirs.

Je n'étais pas certaine de ce que je devais faire au sujet de la situation à la maison. J'ai donc communiqué avec la travailleuse sociale pour lui en parler et elle a tenté de leur venir en aide. Mais j'ai également tenté de faire quelque chose dans ma classe. J'ai expliqué qu'il demeurait important de faire ses devoirs. Tous mes élèves ont des devoirs à faire à chaque soir. Je donne beaucoup de devoirs. Dans le cas de Jason cependant, je lui ai indiqué quelles étaient les choses qui importaient davantage. J'ai lui ai également expliqué qu'il serait difficile pour moi de recommander qu'il soit admis dans l'année suivante si je ne percevais pas une nette progression dans son travail. Jason a fait ce qu'il a pu, et le travail qu'il n'a pu faire à la maison, il le corrigeait avec nous en classe le jour suivant.

Il était important que j'adapte au cas de Jason les règles que j'avais établies au sujet des devoirs. Vous devez adapter votre enseignement à la situation particulière de vos élèves.

Dans ces deux cas de figure, le comportement de l'élève était inacceptable: Peter dérangeait la classe à cause de l'incertitude liée à son foyer d'accueil; et Jason, lui, ne faisait pas ses travaux parce qu'il avait à charge un petit enfant lorsqu'il revenait à la maison après sa journée d'école. Toutefois, dans les deux cas, les attentes et les exigences des enseignants ont été adaptées à la réalité de la vie de chaque élève. Ne pas reconnaître la différence de traitement qui s'impose résulte souvent en l'étiquettage par les enseignants et l'administration des écoles du comportement *déficient* de l'élève. Les histoires de ces enseignants démontrent comment ils ont été en mesure de fournir à leurs élèves des opportunités équitables d'apprentissage.

≶

Construire un pont entre la culture d'origine et le pays d'accueil

Les enseignants peuvent agir comme agents de liaison pour transmettre à leurs élèves d'origines diverses les notions pertinentes servant à leur intégration à la culture canadienne. À plusieurs niveaux, les enseignants ont dû se transformer en *guides d'intégration canadienne* pour les élèves confrontés aux défis et aux incertitudes qu'amène le fait de vivre dans un nouveau pays. En tant qu'agents de liaison, les enseignants peuvent suggérer les comportements auxquels on peut s'attendre dans notre société dans des situations précises. Ils peuvent également fournir des conseils pertinents pour aider les élèves à résoudre certaines problématiques qu'ils rencontrent.

Dans l'anecdote qui suit, Sorin explique comment il amène ses élèves à comprendre et adapter leurs comportements à ceux pratiqués habituellement au Canada. Les propos et les comportements de Sorin démontrent que les enseignants peuvent fournir bien des conseils aux élèves et qu'ils constituent une source très importante de communication entre la maison et l'école.

Je veux les aider à comprendre les coutumes en vigueur ici au Canada parce qu'ils arrivent de leur pays d'origine avec leurs propres idées reçues. Ils sont, après tout, des nouveaux venus et peu familiers avec notre façon de faire les choses. Je leur rappelle souvent que ce qui est acceptable dans leur pays n'est pas de facto acceptable ici. Par exemple, cracher dans la rue. J'ai remarqué que c'est un certain groupe de jeunes dans quelques coins de Montréal qui crache dans les rues.

Lors de nos sorties de groupe, nous tentons de nous comporter et agir comme le feraient des Canadiens et de respecter leur façon de faire les choses. Par exemple, jeter des détritus dans la rue. Parfois, je vois mes élèves manger un biscuit et jeter l'emballage au sol. Lorsque je leur demande pourquoi ils font cela, ils disent que dans leur pays il y a des gens de classe sociale inférieure qui travaillent le soir, des gitans qui nettoient la rue la nuit. Là d'où ils viennent, on ne voit pas nécessairement des poubelles à tous les deux coins de rue, comme c'est le cas ici...

Un autre exemple est le fait de parler fort en public. Je leur ai demandé pour quelle raison ils font cela et ils ont expliqué que dans leur pays d'origine, et c'est encore plus vrai s'ils ont vécu dans de grandes villes avec beaucoup de gens dans les rues, vous devez parler fort pour que l'on vous entende. Ici au Canada, les rues sont quasi-désertes. Dans leur pays, si vous voulez que l'on vous entende, vous devez crier, me disent-ils. Je les rassure en leur disant que je comprends ce qu'ils disent et je leur rappelle qu'il est préférable de ne pas parler trop fort.

Une autre chose, les élèves ne disent pas toujours merci. Je leur parle de l'importance de dire « merci » lorsque quelqu'un fait quelque chose pour eux. Si quelqu'un les aide à faire leurs devoirs, ou tient la porte pour eux dans le métro, ils doivent dire « merci ». Je leur explique toujours ce que c'est que de la neige, de quoi c'est fait et que ça ne fait pas mal. Souvent, les élèves ne veulent pas sortir à l'extérieur lorsqu'il neige et, dans certains cas, c'est parce qu'ils ont peur de la neige. Certains élèves ont piqué une colère terrible en ma présence, insistant qu'ils ne veulent pas sortir à l'extérieur parce qu'ils ont peur. Je leur explique toujours que la façon dont les Canadiens font les choses n'est pas nécessairement la meilleure. Ils doivent savoir ce qui est acceptable et ce qui ne l'est pas et la différence entre les deux pour éviter qu'on se moque d'eux.

Sorin fait état auprès de ses élèves des motifs pour lesquels certains comportements sont importants au Canada et pourquoi les élèves qui vivent maintenant au Canada devraient les connaître et les adopter dans leur quotidien afin de communiquer de façon adéquate avec les gens de leur pays d'accueil. Sorin cite comme exemple le fait de ne pas cracher ou jeter des détritus dans la rue, de ne pas parler trop fort et apprécier les gestes posés par les autres à son égard en les remerciant. Dans l'extrait qui va suivre, Nadine démontre, dans ses interactions avec son élève, sa connaissance, provenant de son expérience personnelle, de ce qui attend un nouvel arrivant provenant du même pays d'origine qu'elle. La résultante est qu'elle prend le temps d'expliquer à cet élève comment procéder et quelles seraient les options et les alternatives disponibles dans un contexte canadien.

Je me souviens d'un petit garcon qui était originaire de Jamaïque. Il a intégré la cinquième année. Son enseignant disait que cet enfant ne savait rien: « Pourquoi ne parle t-il pas anglais? Il est impossible qu'il n'ait pas été à l'école avant d'arriver ici... ».

J'entendais tout cela le matin dans la salle des enseignants. J'ai demandé à l'enseignante en question de me l'envoyer à la récréation. L'enfant est venu me voir. Il m'a regardée. Je suis moi-même originaire de Jamaïque, comme je vous l'ai mentionné. Dès qu'il est entré dans mon bureau, je me suis mise à lui parler en dialecte. Ses yeux se sont illuminés et il s'est mis à me raconter des tas de choses. Il m'a confiée à quel point il était confus. En Jamaïque, il avait fréquenté une école rurale. L'anglais parlé dans la classe ici était comme une nouvelle langue pour lui. Il n'entendait pas des mots qu'il connaissait. Il m'a dit qu'il ne comprenait rien de ce que disait son enseignante. Par la suite, j'ai tenté d'expliquer à l'enseignante en question ce qu'il en était, et de lui accorder un peu de temps pour lui permettre de s'ajuster en conséquence. Malheureusement, elle ne semblait pas entendre ce que je lui disais: « La Jamaïque est une île où on parle anglais. Tu parles anglais là-bas, n'est-ce pas? » « Bien sûr », lui ai-je répondu, mais avec la présence de dialectes différents selon la région de l'île. Qui plus est, si un enfant provient de la campagne, il ne parle vraisemblablement que son dialecte régional, à moins qu'il n'ait fréquenté certaines écoles particulières. Nous avons clôturé la discussion comme quoi elle me l'enverrait s'il y avait quelque chose qu'elle n'arrivait pas à lui expliquer et je tenterais de le lui faire comprendre.

Il venait souvent à mon bureau après la journée d'école. Vint l'hiver, il ne savait pas quoi faire car il devait s'habiller chaudement sinon il pourrait contracter une pneumonie. Je lui ai montré comment enfiler des gants, comment attacher son manteau afin de garder la chaleur à l'intérieur. Vous voyez, en Jamaïque, porter un manteau est un ornement, quelque chose qu'on porte pour avoir l'air de quelqu'un de bien. Étant familière avec cela à travers mon propre vécu personnel, je savais comment adresser la question avec l'enfant.

Tant Sorin que Nadine agissent comme médiateurs en fournissant à leurs élèves des informations pratiques et fiables sur les valeurs canadiennes, les comportements et les attitudes propres aux Canadiens. Ils les accompagnent dans leurs démarches afin de comprendre les défis qui les attendent dans le cadre de leur intégration à leur société d'accueil.

∽

Lever les obstacles à la réussite scolaire

Un objectif important dans l'enseignement à la diversité consiste à permettre la croissance personnelle des élèves pour que ceux-ci atteignent leur plein potentiel, et ce, tant au plan intellectuel que social. C'est pour cette raison qu'offrir des opportunités équitables aux élèves est tellement important. Il s'ensuit que le développement de stratégies pour lever les obstacles à la réussite scolaire peuvent être efficaces. Nadine démontre comment elle a réussi à lever un obstacle qui empêchait une de ses élèves d'atteindre son plein potentiel à l'école.

Une année, dans ma classe, il y a eu une petite fille d'origine antillaise et une petite d'origine africaine. Cette dernière avait la peau très, très noire. Il y avait d'autres enfants dans la classe qui étaient métissés, mais la plupart des enfants avaient la peau blanche. Un jour, à l'heure du conte, la petite antillaise me dit: « Je ne veux pas m'asseoir à côté d'elle parce qu'elle est noire ». Tout cela s'est passé si vite, vous savez, que je ne savais pas comment réagir. Du coup, un autre enfant lui dit: « Mais, tu es noire toi-même! Pourquoi tu ne t'asseois pas à côté d'elle? »

La petite antillaise lui répond: « Je ne suis pas noire! » et éclate en sanglots. Et d'ajouter: « Je sais que je suis noire, mais je ne veux pas être noire. Je ne veux pas être noire! » En entendant cela, j'ai cru que c'était la pire chose que je n'ai jamais entendu de toute ma vie. Après tout, ces enfants n'avaient que cinq ans et ils évaluent déjà les gens selon la couleur de la peau, même s'ils ne comprennent pas le concept d'ethnie. Néanmoins, je dois avouer que sa vive réaction m'est apparue comme salutaire, parce qu'elle avait un comportement agressif, ayant des interactions orageuses avec les enfants de la classe. Rien n'était assez bien pour elle et elle se plaignait souvent.

Évidemment, j'ignorais ce que je devais faire à ce moment précis. J'ai tout d'abord tenté de la consoler. Je lui ai demandé si c'était si mal que ça d'avoir la peau noire. Elle me dit qu'elle ne savait pas vraiment, mais que ce qu'elle savait, c'était qu'elle ne voulait pas être noire et qu'elle n'aimait pas les gens qui étaient noir. Au moment où elle me disait cela, je lui tenais la main et je lui ai dit: « M'aimes-tu? » Elle s'est mise à me regarder et m'a dit: « Je vous aime, oui ». J'ai vu qu'elle ne me considérait pas comme étant noire moi-même. J'étais son enseignante qu'elle aimait bien. Mais dans mon for intérieur, je savais que c'était plus que cela. D'une certaine façon, elle en était venue à croire qu'être noire n'était pas bien. Nous avons laissé cela comme ça, mais je savais que j'allais revenir sur la question.

Dans mes classes, je fais souvent un petit jeu: « Je suis heureux d'être moi ».' « Quelle est ma valeur? » « Est-ce que la couleur des cheveux ou des yeux est important pour se faire des amis? » « Qu'est-ce que tu aimes chez-toi? » J'explique aux enfants qu'il y aura toujours des choses que l'on n'aime pas chez-soi, des choses qu'on peut changer, d'autres qu'on ne peut pas changer, comme par exemple des attributs physiques qui font partie de nous, comme la forme des lèvres, du nez, la couleur des cheveux. J'invite les enfants à jouer avec les cheveux des autres enfants. Je leur demande de s'observer et de décrire qui ils sont et de quoi ont-ils l'air.

Tout au long de l'année, nous avons fait ces petits jeux. Je ne me souviens pas si elle a dit « Je suis heureuse d'être noire », mais je sais qu'elle a commencé à accepter la couleur de sa peau. Un jour, j'ai demandé s'il y avait quelqu'un dans la classe qui voulait partager avec nous un événement de sa communauté. Elle s'est portée volontaire. Elle a apporté de la musique de son pays d'origine et nous a montré une danse de groupe. Une fois que la danse était terminée, je lui ai dit: « Tu es vraiment chanceuse de connaître ce que tu as partagé avec nous. Et la raison pour laquelle tu connais ces choses, c'est à cause de ta famille, tes amis et ta communauté. C'est à cause d'eux que tu as pu partager quelque chose de spécial avec nous ». Et elle a répondu: « Ben, vous savez, c'est que je suis antillaise ». Elle était en train d'accepter le fait que, en tant qu'antillaise, sa couleur de sa peau était noire. On pouvait voir aisément que sa joie était palpable. Elle souriait davantage. J'ai parlé très ouvertement de couleur de peau avec elle. Je crois avoir démystifié certaines expressions pour elle. À la fin de l'année scolaire, elle pouvait parler d'elle-même. Elle était en train de développer son estime de soi. J'étais très fière d'elle. Elle est restée dans notre école jusqu'en quatrième ou cinquième année après quoi elle est déménagée à Chicago avec sa famille. Elle écrit encore parfois pour nous donner de ses nouvelles.

Nadine a réussi à identifier la valeur appropriée qu'elle devait encourager chez son élève qui faisait face à certaines difficultés eu égard à son identité ethnique et, par extension, à son estime de soi. Nadine a identifié une valeur sur laquelle elle pouvait construire la réponse à la difficulté à laquelle faisait face son élève. Cette valeur représentait une activité à laquelle les élèves pouvaient s'identifier. Grâce à ses interventions sensibles, délicates et empreintes de respect, l'estime personnelle de la jeune fille s'est raffermie, avec comme résultat, l'impact positif sur son engagement à atteindre sa réussite scolaire.

Dans l'anecdote qui suit, Sorin partage avec nous la condition d'une fille originaire de la Bulgarie qui ne mangeait pas à l'heure du dîner. Lorsqu'il comprend la situation et qu'il réalise que, en fait, la mère n'est pas en mesure de nourrir son enfant, il fait préparer pour la fillette un repas à chaque midi. Mais, elle ne mange toujours pas. Puis, Sorin constate que la fillette apporte à la maison le dîner préparé pour elle pour le partager avec sa mère. On notera que, dans cette situation, la présence d'esprit de Sorin fait toute la différence.

Il y a une petite fille dans ma classe qui vient de Bulgarie. Son père est décédé cette année avant leur arrivée au Canada, de telle sorte qu'elle est arrivée seule avec sa mère. Aucun autre membre de sa famille ne les accompagnait. Périodiquement, durant la journée, la petite fille venait me voir pour me demander à quel moment serait servi le dîner. Elle demandait : « Quand allons nous manger? » Elle était tranquille et j'attribuais son silence au fait qu'elle tentait de s'adapter à la vie dans un nouveau pays.

Un jour, certaines filles de la classe m'ont dit que la petite ne mangeait rien. Dès que cela m'a été rapporté, je faisais préparer un repas additionnel pour elle. Mais, elle ne mangeait toujours pas. Je ne comprenais pas ce qui se passait. Sa mère était à la recherche d'un emploi et un certain délai s'était écoulé avant qu'ils ne reçoivent de l'aide sociale. Elles ont donc été sans revenus pendant un certain temps. À un moment, pendant deux ou trois jours, la petite fille n'avait rien mangé. Lorsque je lui ai demandé ce qui se passait, elle m'a dit qu'elle n'avait pas d'argent pour manger. Je suis donc allé au bureau du directeur, qui a fait tout ce qu'il pouvait pour lui venir en aide. Le directeur a été en mesure de faire préparer un dîner pour la journée ainsi que le repas du soir pour elle ainsi que sa mère. Nous l'avons surveillée durant la journée pour nous assurer qu'elle mangeait effectivement son dîner et qu'elle ne le gardait pas pour le donner à sa mère le soir venu.

Aujourd'hui, elles ont un logement. Elles ont reçu l'aide sociale. Le directeur a demandé à la mère de travailler comme surveillante à l'heure du dîner pour lui permettre de gagner un peu d'argent en attendant qu'elle se trouve un emploi ailleurs. Maintenant, je vois cette fillette dans ma classe : elle sourit, réussissant maintenant beaucoup mieux à l'école. C'est vrai que cette histoire est triste. Nous faisons de notre mieux pour aider.

Une fois que Sorin eût compris que l'obstacle auquel son élève était confronté était la faim, il s'est assuré que l'élève et sa mère reçoivent à la maison de quoi se sustenter. De plus, le directeur de l'école a offert un poste temporaire à la mère comme surveillante à l'école. Chacun à leur façon, Nadine et Sorin ont constaté des difficultés liées à certaines situations inéquitables dans notre société et ont mis en place des mesures pouvant amoindrir la nature de certains obstacles à la réussite de leur élève.

Nos écoles, de façon générale, ont tendance à maintenir les façons de faire convenues au cours des dernières décennies. Elles ne souhaitent pas mettre en lumière les contradictions de notre société, particulièrement celles eu égard à nos valeurs démocratiques souvent contredites par l'inégalité de traitement que reçoivent les élèves issus de la diversité. Les écoles ne sont-elles pas censées chasser toute velléité d'inégalité sociale entre élèves? Reconnaître l'inégalité de traitement que reçoivent les élèves issus de la diversité, que celle-ci devient parfois institutionnalisée, n'est pas un dossier à traiter du revers de la main.

∽

En conclusion

Quoique plusieurs d'entre eux ont commencé leur carrière d'enseignant dans un environnement monoculturel, les enseignants ont su développer avec le temps des perspectives nouvelles afin de répondre aux changements dans le tissu culturel de leurs classes. À leur façon, chacune des histoires relatées dans cet ouvrage démontre comment les enseignants ont modifé leur attitude personnelle pour concevoir de nouvelles façons de valider les différences et, ultimement, aller au-delà de l'apparence qu'est la différence afin de créer des espaces d'apprentissage mutuel. Munis de cette perspective, enseigner représente pour ces enseignants un travail de résilience sur les méthodes d'enseignement qu'on pourrait qualifier de traditionnelles pour participer à l'élaboration d'un nouveau profil d'enseignants. Pour ces enseignants, reconnaissons que cette façon d'enseigner à la diversité n'est pas un processus toujours facile et requiert une somme importante d'énergie personnelle et de temps. En quelque sorte, on peut dire que ces enseignants prennent le risque de se départir des anciennes conventions, des anciennes façons d'enseigner, pour développer de nouvelles formes de compréhension entre élèves.

À leur façon, chacune de ces anecdotes est une petite victoire. Chacune de ces nouvelles façons de négocier de nouveaux terrains de compréhension et de respect mutuels est une petite victoire. Chacun de ces enseignants démontre la nécessité de poursuivre la recherche de façon simple et concrète pour aller au-delà des frontières de la différence, et trouver en quelque sorte de nouveaux espaces de compréhension. Reconnaissons que chacune de ces petites histoires, de ces situations du quotidien qui ressemble à celui de tout le monde, contient des éléments d'une humanité bouleversante de vérité. Et dans chacune de ces petites histoires reposent des leçons de vie, sources d'inspiration vers une compréhension et une acceptation de la diversité dans notre pays. Ces histoires permettent de mesurer la force intérieure qui repose en chaque enseignant. Elles sont un hommage au courage et à l'ouverture d'esprit requises lorsqu'on enseigne à la diversité.

Pour ces enseignants, aller au-delà de ce qui se dit et se passe dans leur salle de classe et créer de nouvelles formes de compréhension entre les gens constitue une expérience de vie. Les anecdotes qui sont livrées ici servent à illustrer comment analyser une situation donnée et comment évaluer ce qui peut donner des résultats lorsque des enseignants et des élèves tentent d'aller au-delà de leur expérience très personnelle et que jaillisse une forme nouvelle de compréhension, d'acceptation, afin de donner une signification à la différence entre les humains. Ces anecdotes peuvent servir de guide dans l'expression par les enseignants de la compassion envers leurs élèves, de la persévérance dans les défis et les difficultés, et l'innovation dans les façons d'interagir avec les élèves.

En somme, notre groupe d'enseignants démontre qu'enseigner à la diversité consiste en un processus évolutif, dynamique et complexe, offrant à tous les intervenants impliqués un enrichissement personnel et professionnel incommensurable. En revanche, cette forme d'enseignement amène aussi son lot d'incertitudes et d'ambiguïtés tant dans les façons de faire que dans la méthodologie. En dépit de son niveau de complexité, les enseignants à la diversité déploient leurs meilleurs efforts afin de comprendre les perceptions de la société et travailler en tenant compte de cette évolution. Les anecdotes du groupe d'enseignants peuvent servir d'illustrations en ce sens.

Perspectives d'avenir (ce qui nous attend)

Nous pouvons nous réjouir de constater que c'est la sincérité des propos des enseignants, leur expérience, et la force de leurs histoires qui nous permettront d'instaurer avec confiance un avenir prometteur pour l'éducation au Canada. Dans ce présent chapitre, je souhaite examiner le rôle évolutif de l'enseignant en milieu pluraliste; les compétences pour devenir un enseignant en milieu pluraliste; et l'importance de fournir une éducation équitable pour tous les élèves.

֍

Le rôle évolutif de l'enseignant en milieu pluraliste

Nul ne met en doute aujourd'hui que le rôle des enseignants est en constant changement. D'ailleurs, le groupe d'enseignants reconnaît que cette évolution constante est un fait qui doit être accepté en tant que tel. Au cours des dernières décennies, le rôle des enseignants a donc été l'objet d'une transformation radicale et les enseignants finissent par reconnaître qu'ils n'ont d'autre choix que de se familiariser avec les divers rôles que la société leur impose en quelque sorte. Leur répertoire des compétences des enseignants doit donc lui aussi faire l'objet d'une évolution constante. Les enseignants reconnaissent la nécessité de mettre à plat le contenu pédagogique et les consignes de la classe afin de pouvoir remplir les nouveaux rôles qu'ils ont à jouer et les intégrer harmonieusement dans leur métier. Oui, les rôles ont changé: à chaque jour, les enseignants sont en lien avec un nombre de plus en plus important d'intervenants de divers horizons professionnels, ils agissent comme médiateurs ou agents de liaison interculturels afin de faciliter l'intégration et l'acquisition des connaissances d'élèves qui apprennent et pensent différemment les uns des autres, ils doivent aussi résoudre les conflits entre toutes les personnes présentes dans l'environnement de l'élève (parents, intervenants, autres élèves, etc.) par leur souplesse et leur souci de maintenir un équilibre parfois fragile entre les besoins du jeune et ceux de la communauté.

୭

Collaborer avec un grand nombre d'intervenants

Les enseignants dans un environnement pluraliste apprennent à interagir avec un nombre de plus en plus important d'intervenants provenant de plusieurs horizons professionnels. On exige que nos enseignants soient informés et aient un impact sur les éléments de la vie d'un jeune tant lorsqu'il est en classe et que lorsqu'il en est à l'extérieur. On peut donc affirmer que la responsabilité de l'enseignant et l'impact de son rôle se mesure tant en classe qu'à l'extérieur des murs de la classe, c'est-à-dire au sein de la famille et sa communauté. Traditionnellement limitée à ce qui se passe dans sa classe et au sein de son école, la responsabilité actuelle de l'enseignant s'est considérablement élargie. On s'attend à ce que l'enseignant soit en rapport avec les parents, parfois les grands-parents et/ou les membres de la famille élargie, ou des personnes de la communauté, les parents adoptifs, ou des institutions à vocation sociale ou éducative. Les enseignants sont donc constamment en train d'améliorer et développer un travail en équipe multidisciplinaire afin de fournir à leurs élèves les ressources permettant leur réussite scolaire. Prenons, notamment, l'exemple de John qui invite un rabbin dans sa classe pour l'appuyer dans sa volonté de démontrer aux élèves la relation entre la discrimination et le racisme. « *Le rabbin et moi avons tenté de montrer aux élèves que les gens seront toujours l'objet de discrimination… que ce soit en raison de la religion, de l'orientation sexuelle ou tout autre motif* ». Il y a aussi Sorin qui souligne à quel point il est important d'entretenir des liens avec la famille des élèves, afin d'éviter des malentendus comme dans le cas du parent d'origine haïtienne.

Il y a aussi le cas de Diane qui consulte l'éducatrice d'origine chinoise qui travaille dans son école à l'aider à voir clair dans la situation de ses élèves et et celle de leurs parents d'origine chinoise. « *Elle connaît la communauté d'où elle vient, les élèves, les écoles, et elle est donc qualifiée pour nous expliquer des choses* ». Chacun des enseignants apprend donc à collaborer avec un nombre important d'intervenants qui les soutiennent dans leur travail vers une meilleure compréhension de la réalité de leurs élèves, et, ultimement, qui les soutiennent afin de prodiguer un meilleur enseignement.

∽

Devenir un médiateur culturel et un agent de liaison interculturel

Il arrive fréquemment que les enseignants agissent comme agent de liaison interculturel afin d'aider les élèves à s'adapter au contexte social et culturel de leur terre d'accueil. Il y a, par exemple, le cas de Nadine qui fait état du cas d'un jeune d'origine jamaïcaine qui rencontrait certaines difficultés dans le cadre de son intégration à sa nouvelle vie au Canada. « *Je lui ai parlé en dialecte lorsqu'il est entré dans la pièce. Du coup, ses yeux se sont illuminés et il a commencé à me raconter des tas de trucs* ». Pour sa part, Sorin raconte comment il a aidé certains de ses élèves à comprendre certaines coutumes canadiennes et pourquoi elles diffèrent des traditions et des usages de leur pays d'origine. « *Ils veulent et ils doivent comprendre ce qui est correct (acceptable) et ce qui ne l'est pas (inacceptable) et, afin qu'on ne se moque pas d'eux, il leur faut connaître les distinctions entre les deux* ».

Sarah parle de son collègue libano-canadien qui a servi de guide à ses élèves dans le simple fait de sa seule présence faisant en sorte que les jeunes ont pu mettre un visage sur le paradigme du bicultralisme vécu par de nombreux nouveaux arrivants au Canada. « *Jumal a vraiment beaucoup aidé les enseignants à comprendre ce que les musulmans vivent comme émotion pendant la période du Ramadan… C'est grâce à Jumal en fin de compte que nous avons appris à apprécier davantage la présence de nos élèves de confessionalité musulmane* ».

En somme, par leur façon *nouvelle* de travailler, les enseignants facilitent le processus d'intégration de leurs élèves. Nadine, Jumal et Sorin sont des canadiens biculturels qui vivent entre deux cultures, avec comme résultat, à cause de leurs expériences personnelles avec l'immigration et l'adaptation à leur nouveau pays d'accueil, qu'ils ont été en mesure de tendre la main à leurs élèves et leur fournir non seulement des conseils d'ordre pratique mais aussi une oreille attentive entre ce qu'ils souhaitent devenir comme citoyens d'un nouveau pays et ce qu'ils vivent à la maison.

∽

Faire preuve de souplesse et de capacité d'adaptation

Dans un environnement pluraliste, on attend des enseignants qu'ils fassent preuve de souplesse tout en s'adaptant aisément à chaque situation. Ces habiletés semblent des plus importantes lorsqu'on cherche à créer de nouvelles façons de faire les choses dans les salles de classes et les écoles. De façon générale, les enseignants savent reconnaître lorsque le moment est venu de faire des changements et, dans la mesure du possible, ils sont ouverts à la création de nouvelles façons d'interagir avec les jeunes. Les enseignants ont appris à faire des changements et modifier leurs propres comportements. Ils sont donc disponibles à embrasser le changement. À titre d'exemple, lorsqu'une élève de Queenie ne pouvait se joindre à une classe verte, elle a discuté avec le père, malgré le fait qu'elle savait que ce dernier pouvait difficilement changer d'avis sur la question. « *J'ai parlé à son père et l'ai assuré que je comprenais ses préocuppations. Je lui ai fait le serment que sa fille serait à mes côtés en tout temps. Je lui ai donné ma parole* ».

Lorsque Sorin est approché par le psychologue de la commission scolaire en le priant de jouer un rôle de figure paternelle auprès d'un de ses élèves, Pedro, qui traverse une période particulièrement mouvementée, il s'interroge sur la façon idéale de procéder. En revanche, il comprend l'importance de suivre scrupuleusement les recommandations du psychologue. La façon dont Queenie et Sorin démontrent leur souplesse et leur capacité de s'adapter aux circonstances est une reconnaissance de leur ouverture d'esprit et leur détermination à accompagner les jeunes vers la réussite scolaire. En effet, tous deux ont été présents lorsque les jeunes ont eu besoin d'eux et ils ont agi en tout temps dans le meilleur intérêt de leurs jeunes. Ils ont trouvé de nouvelles approches, de nouvelles façons d'aborder les situations.

⚘

Les compétences pour devenir un enseignant en milieu pluraliste

Dans les pages qui vont suivre, nous examinerons l'évaluation par les enseignants de ce qu'ils estiment comme étant les habiletés et les compétences requises pour enseigner de façon significative dans un contexte pluraliste. La discussion a été engagée avec eux sur la question de savoir quels sont les profils d'individus le plus aptes à établir un véritable dialogue avec la diversité. Cette question servait de prémisse, de point de départ à l'ensemble de nos sessions de travail. Ce qui suit sont les recommandations des enseignants sur les habiletés et les compétences requises afin d'offrir un enseignement significatif dans des salles de classe pluralistes.

∽

La prise de conscience

La compétence la plus importante qui ressort de la doctrine est la nécessité d'une prise de conscience par l'enseignant de qui il est comme individu, ses valeurs, sa culture, son identité. Selon l'ensemble de la doctrine sur le sujet, une telle connaissance de soi consiste en la base même, le prérequis indispensable, dans l'acceptation de la différence. Il est à noter que le groupe d'enseignants n'a pas pris la peine de préciser expressément l'importance de cette prise de conscience; en réalité, le groupe semblait considérer que cette prise de conscience allait de soi. Par les anecdotes qu'ils m'ont contées, les enseignants suggèrent que leur rôle exige une prise de conscience de qui est l'élève dans son ensemble. À cet effet, John dit: « *Sachez reconnaître les symptômes des élèves qui souffrent. Observez les jeunes* ». Il y a aussi Pierre qui dit après une observation attentive de son groupe d'élèves: « *À peine deux ou trois semaines du début septembre, j'ai déjà repéré les élèves qui ont besoin davantage d'aide que les autres. Je le sais parce qu'ils portent toujours les mêmes vêtements. Ils viennent à l'école sans s'être lavés. Ils n'ont rien pour le dîner et ils n'ont rien pour la collation* ».

Un autre volet de cette nécessaire prise de conscience soulignée par le groupe d'enseignants consiste en la notion d'élargir le contenu pédagogique par la « *connaissance du quotidien des élèves à l'extérieur des murs de la classe* ». Une telle connaissance peut se retrouver disséminée au sein du contenu pédagogique en tant que tel. Sorin dit: « *Je sais qu'il y a une différence entre le fait de donner son appui au Chah d'Iran et le fait d'être opposé à son régime. Je connais ce que représente (ou comment on perçoit) un croate ou un serbe. ... Ces exemples peuvent nous paraître dérisoires mais c'est à cause de telles situations que ces jeunes sont dans nos classes* ».

Pour sa part, Queenie sait que le vieil homme qui vit de l'autre côté de la rue est le grand-père de l'un des ses élèves. « *Je l'entends souvent parler à des passants dans la rue et leur raconter, là, sur le trottoir, de fascinantes histoires... Or, un beau jour, j'ai prié un de ses petits-enfants de lui parler et voir avec lui s'il était d'accord pour nous rencontrer. ...Je me suis dit en moi-même: c'est une autre façon d'apprendre* ».

La connaissance de soi est le point de départ nécessaire pour tous les enseignants qui souhaitent entamer un véritable dialogue avec l'autre. Aussi, les enseignants doivent développer une connaissance du contexte de vie dans lequel vivent leurs élèves à l'intérieur et à l'extérieur de la salle de classe. L'attention accordée aux élèves et la sensibilité des enseignants permettent la création de nombreuses opportunités pour mieux connaître des circonstances de la vie de chaque élève.

∽

Les attitudes

Les attitudes regroupent les pensées, les émotions et les croyances relatives à ce qu'on croit être vrai, être faux, être souhaitable ou indésirable. Les enseignants souhaitant transmettre un enseignement qui soit significatif croient qu'il leur faut apprendre de leurs élèves et recourir à leurs expériences de vie dans la création de liens ou de corrélations entre l'apprentissage de nouvelles notions et la matière préalablement acquise. Voici un exemple raconté par Queenie: « *Il est impossible de tout connaître. En qualité d'enseignante, je crois qu'il est préférable de reconnaître cela* ». Marie demande souvent à ses élèves de lui expliquer (ainsi qu'au groupe) comment était la vie dans leur pays d'origine: « *Je pense qu'il est important qu'il y ait un lien entre le Canada et le pays d'où ils viennent. Il est tout naturel pour eux de parler de leur culture* ».

De plus, toujours selon son expérience, le groupe d'enseignants est d'avis qu'une attitude axée sur le positif a un impact sur la réussite des élèves. Si un enseignant nourrit des attentes élevées envers ses élèves tout en leur permettant la construction de bases solides, leur apprentissage sera d'autant facilité. John partage ceci: « *Avoir un esprit positif. Si votre élève a reçu une note de soixante ou soixante-deux pour cent et que vous l'accompagnez dans son travail, il obtiendra soixante-dix pour cent la prochaine fois* ». Et puis, il y a Nadine qui rappelle que: « *Nous montrons le chemin de l'avenir à nos élèves…Il n'existe aucune situation qui impose un jugement irrévocable. …S'ils ont des rêves, nous devrions les aider à les réaliser. Si on détruit leurs rêves, nous créerons un cauchemar* ».

Les enseignants à la diversité doivent aborder les diverses problématiques rencontrées avec un esprit ouvert tout en étant critique. À cet effet, Nadine précise: « *Si vous avez un esprit ouvert, il n'est pas nécessaire qu'on vous apprenne comment maintenir vos yeux et votre esprit ouverts à de nouvelles choses* ». Quant à Sorin, il souligne que lorsqu'on travaille avec des jeunes, « *Il faut avoir l'esprit ouvert. Je dis toujours: si vous donnez, vous recevrez en retour* ». Avant de s'engager sur la voie d'un enseignement significatif, les enseignants doivent développer certaines attitudes telles que la capacité à accepter qu'ils peuvent aussi apprendre de leurs élèves, le développement d'un esprit positif face aux efforts et aux réalisations des élèves, et le développement d'une *culture* de l'esprit ouvert.

∽

Les habiletés

Au cours des années, les enseignants ont identifié certaines habiletés qui leur sont apparues une nécessité pour qui souhaite enseigner de façon significative. Ces habiletés sont les suivantes: l'écoute active, la patience, la capacité à résoudre les conflits et le travail collaboratif. Tout d'abord, les enseignants reconnaissent de façon unanime la nécessité de l'écoute. Pour Nadine, par exemple, il est important de connaître le contexte familial de ses élèves, mais elle dit aussi: « *...si nous écoutons attentivement ce que les élèves ont à raconter, il nous est alors possible d'apprendre bien davantage. Il est utile de recourir à ce qu'on connaît d'un élève lorsqu'on interagit avec lui* ». Sarah se rappelle: « *Si j'écoute attentivement mais sans ouverture d'esprit, je ne pourrai être touchée par ce que me dit un élève, touchée dans ma compassion et ma compréhension. Si je ne suis pas touchée, il ne pourra y avoir de réponse à ce que me dit cet élève. Auquel cas, je serai en train d'entendre, mais pas d'écouter* ».

Le développement de la patience est une autre habileté qui peut aider l'enseignant à créer un dialogue interculturel significatif, davantage axé sur le respect de la différence. Diane souligne l'importance de la patience: « *L'enseignement est un secteur où la patience est absolument nécessaire. Les enfants rencontrent un grand nombre de difficultés et si vous ne faites pas preuve de patience, votre action n'aura pas de résonance parce que vous serez passé à côté du problème* ». Et Sorin d'ajouter: « *Il faut être patient. Tout doucement, ils commenceront à constater leurs progrès, et cela leur donnera la motivation pour continuer à bien travailler* ».

La résolution de conflits devient de plus en plus utile pour les enseignants face à des situations impliquant différentes cultures et religions ou encore touchant des aspects de politique internationale. Ces situations peuvent rapidement s'intensifier et se polariser. Travailler de façon créative et innovatrice avec la différence requiert des habiletés en résolution de conflits. Notamment, pour Pierre, il est important que ses élèves se sentent en sécurité dans la classe en étant eux-mêmes. À cet effet, une méthode qu'il a mit de l'avant dans sa classe est d'apprendre aux élèves comment résoudre les conflits entre eux-mêmes. Lorsqu'un différend surgit entre deux élèves, Pierre prend le rôle de médiateur: « *Je suis présent lorsqu'ils discutent, mais je les laisse résoudre le problème entre eux. Les enfants connaissent au préalable les conséquences de leurs actions* ». Pour sa part, Diane explique qu'elle se retrouve souvent dans un rôle de médiatrice. Elle fait asseoir les élèves et tente de déceler ce qui s'est passé. « *Je vois la différence entre les enseignants qui ont des habiletés en résolution de conflits et ceux qui n'en ont pas. Lorsque j'ai commencé à enseigner, on pouvait dire aux élèves: "ok, tu vas en pénitence", mais cela ne fonctionne plus comme cela aujourd'hui* ».

La dernière habileté et non la moindre qui m'a été soulignée par les enseignants est la capacité de travailler de façon collaborative. Les enseignants savent que le travail collaboratif contribue à des interactions à valeur ajoutée, particulièrement dans les cas d'environnements d'apprentissage pluralistes comme le sont devenus nos écoles. Diane: « *Disposant de moins de ressources, d'équipement et de personnel, nous n'avons pas d'autre choix que de travailler en collaboration avec tous les enseignants de l'école. Nous évoquons souvent l'idée de l'apprentissage coopératif chez les enfants: eh bien, que diriez-vous d'apprentissage coopératif pour les enseignants et les parents?* »

En somme, pour qu'un enseignement à la diversité soit significatif, ce sont l'écoute, la patience, la capacité à résoudre les conflits et le travail collaboratif qui sont les habiletés auxquelles les enseignants ont recours le plus fréquemment. Tout le monde vous dira qu'aucun enseignant dans quelqu'environnement que ce soit ne peut s'abstenir de faire preuve de patience et d'écoute et que ces habiletés ne sont pas uniquement requises dans le cadre d'un enseignement à la diversité. Je suis d'accord. Par contre, dans un environnement où on assiste à une *polarisation constante* résultant de la présence de différentes valeurs, il devrait être exigé que les enseignants possèdent d'excellentes habiletés en résolution de conflits et en travail collaboratif.

Les valeurs

Pour qui veut apprendre ou enseigner dans nos écoles doit avoir une compréhension de nos idéaux et de nos valeurs. On a vu plus haut que les enseignants ont identifié une série de valeurs pertinentes à un enseignement en environnement pluraliste: l'honnêteté, la dignité, l'équité et l'estime de soi. John partage ici ce que son père lui disait à propos de l'honnêteté: « *Il y a deux sortes de gens à qui on ne peut mentir: un ivrogne et un enfant. Si tu es honnête, tes élèves seront honnêtes* ». Sur le même sujet, Diane: « *Les jeunes auront confiance en vous s'ils croient que vous méritez leur confiance* ».

Les élèves reconnaissent chez les enseignants leur sens inné de l'humain et de sa dignité. C'est Marie qui raconte: « *Si vous ne respectez pas les enfants et ne préservez pas leur dignité, cela ne vaut pas la peine de devenir enseignant*». Et Sarah est formelle à l'effet que ses élèves agissent *avec respect et dignité* dans leurs rapports avec leurs compagnons de classe. « *Je ne tolère pas que dans ma classe, on s'adresse à une personne de façon irrespectueuse, ou agit de façon à manquer de respect envers les autres* ».

Une autre valeur importante aux yeux du groupe d'enseignants est l'équité. Les enseignants font preuve du sens de l'équité lorsqu'ils permettent pour le bénéfice de tous leurs élèves l'accès équitable aux opportunités d'apprendre et à des attentes précises envers la réussite scolaire. Rappelons que des mesures équitables ne signifient pas qu'elles doivent être identiques pour tous. À cet effet, c'est Nadine qui précise que, afin d'agir de façon équitable, il faut disposer de consignes différentes pour des élèves différents parce que, à la source, les besoins de ces élèves sont différents. Et il y a aussi Marie qui dit: « *Je tente d'être juste et ne pas favoriser un élève, mais il est impossible de traiter tous ses élèves de la même façon parce que je sais que certains font leurs travaux et d'autres pas, et que je sais pourquoi ils le font ou ne le font pas* ». Bien sûr, les enseignants qui font preuve de respect envers les autres, contribuent à faire se développer chez les élèves une vision positive d'eux-mêmes (en d'autres termes, les germes de l'estime de soi). Sorin raconte qu'il tente d'encourager chez ses élèves « *…à valoriser ce que, en tant qu'immigrants, ils apportent comme bagage au Canada. Je leur dis que chaque groupe d'immigrants a une contribution importante pour le Canada* ». Nadine explique à ses élèves à quel point il est important pour eux de développer leur estime de soi parce qu'elle sait que: « *si une personne blanche, noire ou asiatique pénètre dans cette pièce, les gens présents dans la salle les percevront chacune différemment. De plus, leurs attentes seront d'une autre nature selon le groupe ethnique auquel la personne appartient. On ne peut rien faire contre les* *attentes des gens. Par contre, les trois personnes de groupes ethniquess différents ne peuvent qu'être elles-mêmes* ».

Les anecdotes relatées par le groupe d'enseignants servent de guide dans notre compréhension des habiletés devant être développées/recherchées chez les enseignants auprès de la diversité. À juste titre, les enseignants ont souligné l'importance de la prise de conscience de soi, de ses attitudes, habiletés et valeurs.

∽

Une éducation équitable pour tous

Le groupe d'enseignants est conscient que leurs actions et leur comportement général puissent avoir un impact important sur l'estime de soi des élèves ainsi que sur leur habileté à atteindre la réussite scolaire. Leurs actions sont souvent inestimables dans un système éducatif qui, malheureusement, fait fi trop souvent de la reconnaissance à accorder à la pleine valeur de la diversité. Les histoires des enseignants illustrent abondamment à quel point les enseignants sont convaincus que chaque élève, indépendamment de la classe sociale de laquelle il provient, de son groupe ethnique d'origine, de son genre et de sa religion, a le droit de recevoir une éducation équitable. C'est ainsi que les sociétés multiculturelles doivent miser sur le principe du respect pour tous. À l'instar des droits civiques qui sont accessibles à tous les citoyens d'une même nation, tous les citoyens ont (devraient avoir) le droit qu'on respecte leur culture traditionnelle ou leur religion, ou en d'autres termes, qu'on reconnaisse ou qu'on accorde une valeur à cette culture ou religion.

L'objectif premier de l'éducation scolaire est de fournir à chaque élève des opportunités équitables vers l'atteinte de la réussite scolaire. À cet égard, il serait intéressant d'examiner chaque variable pouvant impacter sur l'atteinte de cet objectif, tant au niveau de la culture propre à l'école que du contenu pédagogique, des attitudes et des idées préconçues du personnel, afin de permettre à chaque école de mettre de l'avant une éducation de qualité qui soit significativement et véritablement équitable à tous les élèves ce qui inclue, il va de soi, les élèves provenant de la diversité. Lorsque j'étais sur les bancs d'école, mes professeurs disaient ne pas faire de différence entre les élèves sur la base de leur origine. Cela est vrai, ils ne traitaient personne différemment et ne soulignaient pas nos différences. Ils croyaient que s'ils n'accordaient pas de traitement différent à l'un d'entre nous, nous étions tous traités comme si nous étions égaux et, par conséquent, ils agissaient de façon juste. En ces temps de diversité dans nos écoles canadiennes, cette justification n'est pas/plus de mise. Affirmer la différence plutôt que la nier en bloc constitue aujourd'hui un outil de promotion de l'égalité parmi les élèves de différents groupes ethniques, culturels et linguistiques.

∽

Gérer les élèves de façon équitable mais différente

En souhaitant compenser les inéquités inhérentes à notre système social et celui de l'éducation, les enseignants abordent les élèves comme des personnes ayant autant de valeur qu'eux-mêmes, mais étant différents d'eux-mêmes, reconnaissant ainsi le principe que transiger avec toute personne de façon identique n'amène pas *de facto* à l'égalité de traitement. Au contraire, transiger de la même manière et avec les mêmes objectifs toute les personnes quelle qu'elles soient contribue à maintenir l'inégalité dans le traitement et l'inéquité pré-existante. Qui plus est, apprendre à *affirmer* la différence, et travailler *avec* et *malgré* cette différence, est cohérent avec l'approche qui vise à réellement promouvoir l'égalité. Par exemple, lorsque l'élève de Diane réagit fortement, elle a dû penser à une autre approche afin de gérer l'aspect disciplinaire. « *Peter attend donc dans mon bureau, et dès que je dispose de quelques minutes, je m'assieds en face de lui et entame une discussion avec lui. Il sait qu'il compte à mes yeux, qu'il est important pour moi, alors cela lui fait plaisir de me parler. Je crois qu'il a besoin de cela, et puis il retourne en classe et tout se passe bien. Si c'était un autre enfant, je lui dirais: "Tu as tort et tu connais les comportements qui sont inacceptables dans cette école", mais je ne peux faire cela avec Peter parce qu'on ignore tous où se trouve sa mère en ce moment* ». Marie aussi fait face à une situation similaire lorsque Jason, un de ses élèves, ne fait pas ses travaux. Lorsqu'il est arrivé des Philippines il y a quelques années, il était responsable de l'éducation de ses frères et soeurs. Après sa journée d'école, il devait s'occuper des enfants. Par conséquent, Marie s'est mise à la recherche de solutions permettant à Jason de faire ses travaux tout en prenant en considération la nature de ses responsabilités et le temps qui y était accordé.

Les réponses des enseignants face aux dilemmes de leurs élèves témoignent de leur esprit de compassion envers les circonstances vécues par chaque élève. Diane et Marie connaissent bien leurs élèves et sont familières avec la situation familiale et personnelle vécue par chacun d'eux et avec les conséquences que ces situations peuvent avoir sur la formation scolaire des élèves. Et elles ont été en mesure de répondre en conséquence aux besoins véritables de ces jeunes afin de s'assurer qu'ils puissent poursuivre leur apprentissage malgré les difficultés auxquelles ils doivent faire face. En fin de compte, la façon dont les jeunes ont été traités est équitable mais différente (entre eux et face aux autres élèves).

~

Remettre en question les préjugés et les fausses hypothèses

Si les enseignants souhaitent accompagner leurs élèves provenant de la diversité dans l'atteinte de la réussite scolaire, ils devront souvent s'interroger sur certains préjugés, dont notamment ceux relatifs à la source de motivation des élèves et les causes de la réussite scolaire. Ils devront donc remettre en cause les idées reçues que nous véhiculons et répétons depuis un grand nombre d'années. Prenons par exemple le cas de Pierre qui est estomaqué lorsqu'un de ses élèves, Hamed, refuse de participer à certaines tâches dans la classe pendant que chacun de ses camarades met la main à la pâte. Hamed lui dit que c'est exclusivement sa mère et sa soeur qui font le ménage, l'excluant donc de ces tâches ainsi que son père. Après que Pierre eût insisté auprès de Hamed afin qu'il participe aux tâches comme ses camarades de classe, le garçon persiste et signe : « *J'ai expliqué que, sans doute, cela se passait de cette façon dans sa maison, mais qu'à cette école, parmi les garçons et filles de notre classe, chaque enfant est investi d'une responsabilité envers le groupe; s'il accepte de se présenter à l'école, il doit respecter les consignes et les responsabilités que tous acceptent de suivre* ». Il y a aussi le cas de Queenie qui encourage un de ses élèves aux prises avec des difficultés d'apprentissage à jouer aux échecs pendant l'heure du midi. Éventuellement, cet élève s'est hissé au rang de champion aux échecs de l'école toute entière; du coup, ses résultats en mathématiques ont bondi. «*Le changement dans ses résultats scolaires provient de son estime de soi, parce que maintenant, on lui accorde une valeur. Son nom a été publié dans l'infolettre de l'école qui est remise à tous les parents. Il a obtenu des certificats, des médailles, un T-shirt, et le champion aux échecs réussit bien en classe. Quelle surprise!* »

Pierre tenait à ce que son élève comprenne que, peu importe ce qu'on lui apprenait à la maison, il n'existe pas de règles différentes entre les filles et les garçons de l'école et dans la société canadienne de façon générale. L'égalité des genres est enchâssée dans la *Charte canadienne des droits et libertés* et constitue une valeur fondamentale des Canadiens. Pierre est maintenant convaincu que Hamed a compris le message que Pierre véhiculait, particulièrement à la lumière du fait que Hamed et sa famille habitent maintenant le Canada. Quant à Queenie, elle a pu valider à nouveau qu'apposer des étiquettes sur une personne peut avoir l'effet d'une entrave, d'une limite, aux opportunités de l'élève à développer de nouvelles habiletés, dont la connaissance des mathématiques et des échecs, et elle a plutôt choisi de mettre l'accent sur les forces de ce dernier afin de combattre la virulence des préjugés.

∞

Lever les obstacles qui empêchent les élèves d'atteindre la réussite scolaire

Une autre façon permettant aux enseignants de fournir à leurs élèves des opportunités équitables, c'est de développer des stratégies qui participent à lever les obstacles à la réussite scolaire, que ces barrières soient vécues par certains élèves ou qu'elles soient inhérentes au système scolaire. Par exemple, Nadine se rappelle une jeune antillaise d'origine qui nourrissait de la honte face à la couleur de sa peau. En guise de réponse, Nadine a mis en place dans sa classe des jeux collaboratifs promouvant l'estime de soi. Ces jeux mettaient l'accent sur la couleur de peau et autres caractéristiques corporelles. Au cours de la même année, cette jeune élève a commencé à accepter qu'en tant qu'originaire des Antilles, la couleur de sa peau était foncée. Nadine a constaté que la jeune fille semblait davantage épanouie qu'auparavant. « *Elle souriait davantage. Je parlais ouvertement de couleur de peau devant elle. Je tentais de démystifier certains mots et certaines expressions pour elle* ». Dès la fin de l'année, elle était en mesure de parler d'elle-même. « *Elle commençait à développer son estime de soi. J'étais fière d'elle* ». Sorin nous raconte un autre cas de figure pour une petite fille de sa classe qui, en cours d'année scolaire, venait d'arriver de Bulgarie. Une fois que l'école commence dans la matinée, la petite fille lui demande à quelle heure le dîner sera servi. Quelques jeunes filles dans la classe rapportent à Sorin que la petite ne mange pas du tout, alors il prend les dispositions nécessaires pour la préparation d'un repas supplémentaire, jusqu'au jour où un délai de nature administratrative dans la gestion du dossier d'aide sociale de la famille est enfin résolu.

Dans ces deux cas de figure, les enseignants comprennent que la honte et la pauvreté étaient des barrières qui empêchaient ces élèves d'être à leur meilleur, de réussir. Les enseignants ont donc recouru à diverses options pour dénicher les solutions réduisant l'impact négatif de ces barrières sur la réussite des jeunes. Nadine et Sorin voulaient voir leurs élèves réussir à l'école, mais ils savaient que cela ne serait pas possible à cause des obstacles auxquels les élèves faisaient face. Si les enseignants n'étaient pas intervenus, peut-être que ces situations auraient été mises de côté: en effet, les écoles ont tant de questions et de problématiques à résoudre dans une seule journée qu'un grand nombre d'entre elles ne peuvent être répondues avec toute l'attention nécessaire.

Si les enseignants sont sincèrement engagés dans leur vocation d'enseigner, et s'ils choisissent d'enseigner avec compassion, leurs coeurs et leurs esprits seront les témoins de situations et d'événements d'une incroyable humanité. En tant qu'enseignants, nous pouvons faire le choix de ne pas être touchés par le quotidien et de n'être en classe que pour transmettre le contenu pédagogique, auquel cas nous allons espérer que nous sommes la cause de leurs connaissances. Nous pouvons aussi faire le choix d'être honnêtes avec nous-mêmes, en reconnaissant qu'enseigner est être le témoin des difficultés que rencontrent certains de nos élèves, et jouer un rôle actif en tant qu'agent de changement. Souvent, en tant qu'enseignants, nous sommes placés dans un rôle de pouvoir. Lorsque j'étais à l'école, mes parents, en tant que nouveaux arrivants, ne participaient dans l'éducation scolaire de leurs enfants. Ils ne comprenaient pas le système scolaire, et n'avaient donc autre que choix de se conformer, en silence. En revanche, moi, en tant que canadienne qui s'exprime sans l'accent de mes parents, je suis en mesure de naviguer à travers le système scolaire pour accéder aux ressources et au soutien pour mes élèves, comme le groupe d'enseignants l'a fait pour ses élèves. Si une éducation accessible à tous les élèves est une priorité, les enseignants sont des médiateurs au sein du système scolaire.

Les enseignants favorisent l'accessibilité de la formation scolaire en environnement pluraliste. Ils adaptent leur contenu pédagogique et les consignes de classe afin de traiter les élèves de façon équitable, mais différente. Ils sont disponibles à remettre en cause les idées reçues qui contribuent souvent, et sans qu'on le veuille, au maintien et au renforcement des préjugés. Ils tentent aussi de lever tout obstacle pouvant contribuer à retarder les élèves à l'atteinte de leurs objectifs scolaires. En dépit des difficultés incontournables et la nécessité de les relativiser, sans compter l'exigence élevée de leurs défis, le groupe d'enseignants persiste avec courage à créer de nouvelles façons d'enseigner.

L'avenir de la formation scolaire dans notre pays démocratique est riche en promesses. Toutefois, cet eldorado ne peut être atteint qu'avec la seule participation des enseignants. Nous pourrons tous sortir gagnants si notre système scolaire public répond aux véritables besoins de notre société.

En guise de conclusion

Les enseignants ont accepté de partager avec moi leurs expériences à créer de nouveaux espaces de compréhension avec les élèves, les parents, les collègues et les communautés propres à chacun. Ces expériences m'ont été racontées en évoquant des situations sensibles et complexes. Elles démontrent que, dans diverses situations du quotidien d'une société pluraliste, les expériences humaines de qualité sont à la portée de tous, que ce soit dans un contexte de travail ou d'enseignement. Ces histoires démontrent également que, pour enseigner dans un environnement multiculturel, un état d'esprit particulier est requis. En effet, pour être en mesure de vivre ces histoires comme elles m'ont été contées, les enseignants ont dû modifier leur façon d'appréhender le monde en apprenant à discuter différemment et mettre au rancart la vulnérabilité et l'incertitude en découlant. De plusieurs façons, ces histoires servent d'inspiration à créer de nouvelles façons de penser pour permettre aux élèves de rencontrer en autant que cela soit possible le succès et la réussite scolaire qu'ils souhaitent tant atteindre.

༺

Un enseignement à la diversité qui soit significatif

Cette étude a fait l'examen des meilleures pratiques d'enseignement à la diversité dans notre société actuelle. En fait, la recherche dans le cadre de cet ouvrage force à s'interroger sur ce que constitue un *bon* enseignement ou un enseignement *de qualité*. Cette recherche force donc à *revoir* notre interprétation/perception de ce qu'est la diversité : une composante déterminante de nos communautés, nos écoles et nos salles de classe.

Ainsi, un enseignement significatif dans un environnement pluraliste consiste en la rencontre des éléments suivants: la volonté des enseignants à modifier certaines de leurs attitudes et comportements; la création d'un véritable dialogue entre l'enseignant et ses élèves; le dynamisme de l'école et la participation des communautés afférentes; et la volonté de mettre en place des mesures socio-pédagogiques. En d'autres termes, les intervenants du milieu scolaire doivent se rencontrer véritablement au niveau de leurs actions: un enseignement à la diversité qui soit significatif requiert qu'on accepte de modifier sa pensée et sa façon d'interagir avec les autres. Il peut donc être établi sans équivoque qu'un enseignant souhaitant prodiguer un véritable enseignement à la diversité nourrit un intérêt vers la communauté culturelle de ses élèves et démontre un intérêt envers ce que vivent les élèves à l'extérieur des murs de l'école.

Il est inévitable que les enseignants aient recours aux mêmes façons d'enseigner que celles qu'ils ont eux-mêmes appris. Il est aussi inévitable que ces façons d'enseigner qu'ils ont appris reflètent certains préjugés de nature sociale et économique. Selon les enseignants, c'est la *capacité d'établir des relations* qui devient l'enjeu fondamental pour être en mesure de prodiguer un enseignement à la diversité qui soit significatif.

Les histoires racontées par le groupe d'enseignants démontrent aussi le niveau de réflexion exigé, le besoin d'avoir un esprit critique, la capacité de dénicher les ressources appropriées, la capacité d'instaurer un dialogue intelligent, sensible et rempli de compassion envers les cultures et les valeurs des élèves. En fin de compte, les réflexions de ces enseignants démontrent clairement que l'enseignement à la diversité est un *processus continu* qui met au coeur de l'enseignement le tissage des liens interculturels.

Le groupe d'enseignants a aussi démontré qu'au chapitre de l'enseignement à la diversité, un discours différent doit être tenu, c'est-à-dire un discours qui soit compréhensible, non seulement pour les enseignants, mais aussi pour les élèves et leurs parents. Un tel discours doit être contruit sur les bases d'un quotidien *pratico-pratique*, c'est-à-dire qui soit orienté vers les situations quotidiennes qui sont vécues dans les classes et les écoles. Ce discours, qui se voudrait *nouveau,* doit refléter le vocabulaire tiré de l'expérience en classe de l'enseignant. Il va sans dire qu'afin de rendre le tout cohérent, ce vocabulaire compréhensible doit être repris par les classes *traditionnelles*, c'est-à-dire celles qui sont davantage axées sur la simple transmission du contenu pédagogique, qui rencontrent les politiques des commissions scolaires, la philosophie provenant de la formation des maîtres au niveau universitaire. À titre d'exemple, les enseignants identifient les façons dont ils gèrent la différence par le biais du langage du coeur. Ainsi, ils parlent de *trouver les points communs, lever les obstacles qui empêchent les élèves d'atteindre la réussite scolaire*, et *résister à la tentation de ne pas modifier ses attitudes et comportements personnels*. Dans ce vocabulaire à la fois imagé et précis, les enseignants laissent paraître une certaine sagessse qui a le mérite de servir de guide vers l'établissement d'un véritable dialogue entre les communautés culturelles, qui soit inclusif, ouvert et libérateur dans le sens où les personnes laisseraient tomber toute inhibition dûe à la culture du *politiquement correct*, lequel malheureusement comporte souvent l'effet de masquer/maquiller les véritables convictions personnelles. La clarté de la philosophie de ces enseignants est ouvertement accessible à tous, élèves et parents inclusivement.Le vocabulaire qu'ils utilisent est le point de départ pour tout dialogue à venir, transformant ainsi le discours officiel sur l'enseignement à la diversité. Ce vocabulaire possède assurément le pouvoir nécessaire pour transformer le discours sur l'enseignement à la diversité.

En fin de compte, la vision partagée ici par les enseignants concourt à nous amener à penser autrement les questionnements de tout citoyen d'une société pluraliste comme l'est le Canada. En participant à l'élaboration d'une nouvelle philosophie de l'enseignement à la diversité, les enseignants démontrent comment la question de la diversité a pris l'avant-scène du débat, même si cela n'est pas encore le cas dans certaines régions du pays. La question de la diversité doit se placer au coeur de nos préoccupations et ne pas être réduite à une vision théorique de ce qui devrait être socialement ou politiquement acceptable. À la fin, en prenant certains risques sur un terrain méconnu et incertain, les enseignants nous invitent à envisager d'innombrables invitations à entamer un dialogue interculturel.

❧

Quelques pensées

Il n'existe pas de méthodologie pour prédire *de quoi la diversité aura l'air* d'ici les prochaines décennies au Canada. En revanche, il est plausible de dire qu'une certaine pression sera exercée pour *mieux* accepter cette diversité moins silencieuse et plus visible. Si les citoyens souhaitent un véritable débat sur l'unité politique et l'équité sociale, nos gouvernants devront articuler un engagement particulier envers la diversité. La diversité ne pourra être placée au ban de ce débat. Il est clair que lorsqu'on traitera de diversité au Canada, notre pensée et les modalités de nos politiques devront s'élargir. Pour ce faire, nous devons modifier notre vision de la différence en tant que telle, laquelle ne pourra plus être vue comme une fin en soi, mais plutôt comme la vision d'une nation qui embrasse chacun de ses citoyens.

Les huit enseignants que j'ai eu le privilège de rencontrer pour les fins de cette étude sont une source d'inspiration dans mes recherches et mon propre travail d'enseignante. Leurs meilleures pratiques contribuent à me convaincre que les citoyens sauront vivre de façon respectueuse, compatissante et juste avec la mosaïque des communautés composant le Canada. Pierre, Sarah, Nadine, Sorin, Queenie, John, Marie et Diane sont des citoyens engagés, dotés d'une vision de société juste et d'une grande capacité de compassion. La façon dont ils prodiguent leur enseignement est le reflet de leur philosophie de vie relative à la qualité de nos interactions, empreintes de dignité et de respect. Ces enseignants servent de modèles par la confiance qu'ils témoignent envers leurs élèves et leur foi inébranlable en ce que leur façon d'enseigner peut contribuer à changer le monde. Ils ont choisi le métier d'enseignant parce qu'ils croient en la valeur de la jeunesse, parce qu'ils croient qu'il faut écouter les jeunes et parce que les jeunes sont notre avenir. Peu importe les défis et les difficultés qu'ils rencontrent, la passion véritable de ces enseignants pour leur métier est constamment nourrie par leurs élèves et la qualité des relations développées au cours des ans sans compter celles qui sont développées pour la vie entière de ces jeunes. Finalement, pour moi, travailler avec ces enseignants a été un geste d'humilité.

Je clôture ici cet ouvrage par une série de courtes pensées écrites par quelques enseignants, en réponse à ma question sur ce qu'ils auraient à dire à un enseignant qui est à l'aube de sa carrière. Encore une fois, dans leurs propos, ils se sont basés sur leur vaste connaissance de l'humain en partageant leur savoir-faire et un peu de leur sagesse.

Cher enseignant, ce qui vous attend est une des tâches les plus importantes. Vous enseignerez aux enfants de la diaspora, des enfants qui malgré leur jeune âge sont des personnes à part entière qui contribuent par leur culture et leurs expériences à notre grande mosaïque canadienne. Ces enfants vous apprendront des tas de choses et deviendront en quelque sorte vos propres enseignants. Certains parmi eux se sont baignés dans le Gange, certains autres se sont remplis les poumons de l'air du sommet des Montagnes Bleues de la Jamaïque, ou encore, ils auront pêché dans les eaux du Yangtze ou auront respiré les volutes grises et vertes des infusions de thé japonais. Il n'y a pas de doute que votre classe sera enrichie par les couleurs diverses de la peau et les modulations des différentes langues. Votre tâche d'enseignement sera facilitée si vous reconnaissez que toute personne apporte une contribution particulière à votre classe. N'hésitez pas à profiter de cette richesse que vous offre la vie. (John)

Chaque enfant et chaque famille sont à la fois différents et uniques. Notre rôle ne se limite pas à être enseignant. Il faut être bon pédagogue et fin psychologue, afin d'intéresser les élèves à ce que nous faisons en classe, leur donner le goût de venir à l'école. L'aspect le plus important dans ce métier est d'avoir l'esprit ouvert face aux différences. Les nouveaux arrivants ont un mode de vie, des croyances, des coutumes. Il nous faut les comprendre et les respecter. C'est à ce moment que notre rôle en tant qu'enseignant devient doublement important. Par la suite, une fois que nous les aurons compris, ce sera à nous de trouver des moyens supplémentaires pour aider ces élèves à atteindre leurs buts. (Pierre)

La partie la plus importante d'une personne est son aspect immatériel. Nous sommes des âmes en évolution. Si vous parvenez à regarder l'âme d'une personne, vous pouvez transcender toutes les différences. Oui, ils sont noirs ou originaires de l'Inde ou musulmans, mais il est possible pour les gens de se comprendre et de s'apprécier mutuellement d'abord et avant tout en tant qu'êtres humains. Il est important d'amener les élèves à se dépasser. Les jeunes se plaignent parfois que je les force à s'interroger sur des questions importantes, mais certains de ces jeunes viennent me voir des années plus tard et me disent, «Vous savez, madame, je n'oublierai jamais les classes que nous avons eues, les discussions que nous avons eues et le fait que vous nous avez forcés à réfléchir». (Sarah)

Tout enfant, du simple fait qu'il est dans ma classe, a déjà mérité mon respect. *Ces enfants se battent pour grandir dans ce monde, un monde fort différent de celui dans lequel nous, nous avons grandi. Écoutez ce qu'ils ont à dire. Le fait de regarder nous permet de voir si la personne a la peau noire, les yeux bridés, si elle est grande et si elle belle ; mais le fait d'écouter permet d'entendre ce qui vient du coeur. Nous nous attendons souvent au pire des enfants et nous interagissons avec eux avec ces anticipations en tête parce que nous sommes convaincus qu'ils agiront en tant que tel, c'est-à-dire comme nous l'anticipons. En fait, il arrive fréquemment qu'on soit surpris de constater que c'est l'inverse qui se passe. De façon générale, lorsque nous cherchons le meilleur, on obtient le meilleur. Recherchez chez ces enfants leur force intérieure, encouragez-les à se développer au mieux de leurs capacités. Imaginez-les dans vingt ans d'ici. Pensez à cela, et laissez ces pensées vous guider.* (Nadine)

Chers enseignants, améliorez vos connaissances sur la culture et les coutumes de vos élèves – remarquez que ceci s'apprendra sur le tas *en discutant avec les enfants, les parents, en les observant avec intérêt. En tant qu'enseignants, nous sommes là pour faciliter leur intégration au pays. Faisons l'effort d'enlever nos oeillères. Nos jeunes arrivants apportent avec eux leur bagage culturel: ce bagage est simplement différent de celui que nous avons avec nous. Ne portons pas de jugement précipité. En somme, en tant qu'enseignants face à ces enfants du monde qui nous sont confiés, souhaitons-nous le dynamisme, l'altruisme et le courage nécessaires afin de leur ouvrir le chemin. Bonne chance!* (Sorin)

Lorsque l'école accueille des stagiaires enseignants, je me rends au magasin du dollar et j'achète quelques sacs. En fait, je choisis toutes sortes de sacs: un sac de poubelle, un sac d'épicerie, un sac à cadeau. Je remplis chaque sac de petites surprises différentes. Ainsi, un sac contient, soit une gomme à effacer, des crayons, des auto-collants, et des tas d'autres petites choses. La veille du jour où le stagiaire complète son stage, nous organisons une petite fête où se retrouve tout le personnel de l'école. Là, je remets un sac à chacun des stagiaires, en guise d'au revoir et de remerciement. Je leur explique ce que j'ai appris comme enseignante et que chaque jour d'enseignement est un jour différent rempli de surprises. Je leur dis aussi que, chaque fois qu'ils se rendront à l'école, ils apporteront avec eux leur sac à surprises et, malgré qu'ils croient être prêts à toute éventualité, ils devront plonger leur main dans le sac à surprises et tenter de voir comment ils devront gérer la situation ou l'élève qui se trouve devant eux. Parfois, cela ne fonctionnera pas, et si tel est le cas, ils devront le reconnaître, l'accepter, ne pas prendre cela personnellement, puis retourner à leur sac à surprises pour y sortir une nouvelle surprise et voir si celle-là sera efficace. Il leur faudra être flexible et ouvert d'esprit, évaluer la situation objectivement et agir en conséquence. (Queenie)

Cher enseignant, permettez-moi de vous dire que vous avez choisi le plus beau métier du monde. Félicitations! Enseigner dans un environnement multiculturel est tout un défi. Mais si vous possédez la passion *de ce que vous faites, des enfants ainsi que de la matière que vous enseignez, alors, vous êtes sur la bonne voie. Bien sûr, enseigner dans un tel environnement requiert patience, disponibilité, structure. Il faut être conscient des difficultés rencontrées par ces élèves pour apprendre une nouvelle langue et une nouvelle culture. Aidons-les à s'adapter à leur nouveau pays tout en se respectant eux-mêmes!* (Marie)

Que dire après vingt-huit années d'enseignement dans un environnement urbain et multiculturel? Je dirais qu'il faut être une personne compatissante.

Il faut être sensible, ouverte d'esprit et prête à intervenir dans une variété de situations. Il faut être honnête avec les enfants et leur dire que nous avons le droit de faire des erreurs et que, si tel est le cas, nous ferons des excuses. Il faut respecter les enfants. Il faut mériter leur confiance, développer de bonnes relations avec eux. Il nous faut également apprendre d'eux. Nous ne sommes pas seulement un enseignant, nous pouvons apprendre d'eux. Donnons-leur de la rétroaction positive. N'attendons pas que le temps passe pour le faire. Dans notre rétroaction, soyons généreux mais honnête. Mettons-nous dans la peau des élèves pour nous analyser. Que croyons-nous qu'ils voient? Demandons-nous si nous voulons vraiment enseigner ici, dans cet environnement. Et surtout, rappelons-nous que notre rôle est d'aider ces enfants. C'est notre mission, notre objectif et notre travail. (Diane)

Ces courtes pensées remplies de compassion me donnent l'espoir que nous sommes sur la voie de créer un véritable dialogue sur l'enseignement, un dialogue qui incluerait *tous* les citoyens du Canada.

Je tiens à souligner que la sagesse et la compassion de ces huit enseignants ont contribué à dynamiser mon propre enseignement. Ces enseignants et leurs histoires ont réussi à faire croître mes espérances envers le pouvoir insoupçonné de l'enseignement.

Thank You

I gave birth to my doctoral thesis at the same time that I gave birth to our second son, so instinctively, I knew it would be a while before I would bring the thesis to life. And so, here it is. Reaching the finish line required vision, perseverance, and physical endurance sprinkled with some luck. The eight educators in this study instilled in me a sense of hope in education. Their commitment to delivering equitable education to all students, regardless of race, culture, religion or language was humbling. They taught me how to learn with an open mind and heart, and how to ask difficult questions of the educational system, even if, at times, it felt uncomfortable to ask such questions.

My heartfelt thanks go to Ingrid Berzins Leuzy and Kala Limbani for time spent on different versions of the manuscript, and to John Calabro for being my lifeline to the publishing world and patiently answering my every question. I would like to warmly thank Joëlle Lafaury for her feedback and suggestions on the final versions of the text. I am grateful to Marie Louise Donald who, with a keen eye and an exquisite understanding of the French language, lovingly translated the English text into French, to give it the richness and depth it deserves.

None of us can fully reach our goals without the encouragement of those dear to us. I am indebted to my parents Domenico and Giuseppina Valle, for their quiet support of the dreams I chose to pursue; to my sons Gabriel and Alexandre, who have taught me how to love and grow and give like no one else before; and finally to my husband David, who has always believed in my vision for a more equitable world, and encouraged me to create such a vision in my own way. His wisdom and sense of humour have sustained me over the years. Thank you David.

Remerciements

Je suis heureuse aujourd'hui de présenter mon livre. J'ai accouché de notre second fils au même moment où j'ai terminé ma thèse de doctorat, donc je savais que je ne disposerais pas de sufisamment de temps pour la publier. Pour franchir le fil d'arrivée, vision à long terme, détermination et persévérance m'ont été necessaires, sans compter une certaine endurance physique et un brin de chance!

Les huit enseignants dans cette étude m'ont insufflée un peu d'espoir face au système d'éducation. Leur engagement à prodiguer un enseignement équitable envers tous les enfants, nonobstant leur langue ou leur appartenance ethnique, culturelle ou confessionnelle, est émouvant. Ils m'ont appris à apprendre avec l'esprit et le coeur ouverts. Ils m'ont appris à remettre en question certains principes du système d'éducation, malgré les difficultés que cela puisse causer.

Je remercie du fond du coeur Ingrid Berzins Leuzy et Kala Limbani pour les heures passées à lire les différentes versions du manuscript. Je remercie John Calabro pour m'avoir servi de guide dans le monde de l'édition et avoir répondu à chacune de mes questions. Je souhaite également remercier chaleureusement Joëlle Lafaury pour ses commentaires et suggestions. Je suis redevable à Marie Louise Donald qui, avec un oeil avisé et son amour de la langue de Molière, a traduit et adapté vers le français le texte original anglais avec toute la palette de nuances qui s'imposent, et pour cela, je la remercie, ainsi que pour son indéfectible engagement envers cet ouvrage.

Nul ne peut atteindre ses objectifs sans l'appui de ceux qui lui sont chers. Je souhaite remercier mes parents Domenico et Giuseppina Valle pour leur appui silencieux envers les rêves que j'ai souhaité poursuivre, à mes fils Gabriel et Alexandre qui m'ont appris à aimer et grandir et donner sans compter comme jamais auparavant, et, finalement, David, mon mari, qui a toujours cru en mes rêves d'un monde meilleur et qui n'a eu de cesse de m'encourager à poursuivre ces rêves. Sa sagesse et son humour m'ont grandement soutenue. Merci, David.

Biography / Note Biographique

Dr. Gina Valle's work in diversity is multi-faceted, as she delves into social issues of our day with compassion and dignity. Whether in the community, the school or the corporation, Gina looks for ways to ask critical questions of the society we live in. She is the curator of the photo exhibit *Legacies*, which examines feminisim and intergenerational relationships from twenty-four cultural perspectives, and the editor of the book *Our Grandmothers Ourselves*, which looks at family and aging from twenty different cultures. Her doctoral work in Teacher Education and Multicultural Studies is from OISE at the University of Toronto. Dr. Valle is the director and producer of the documentary *The Last Rite* which explores the way in which Hindus, Buddhists and Muslims prepare for death. Gina's work encourages people to think outside the box - and challenge the status quo whenever possible. *Teachers at Their Best* is her second book.

~

L'oeuvre de Dr. Gina Valle dans le domaine de la recherche et la réflexion sur la société multiculturelle est riche et diversifiée. Cette oeuvre porte un regard empreint de compassion et dignité sur les débats sociaux de notre temps. Que ce soit au sein des communautés elles-même, du milieu scolaire ou celui des affaires, les multiples plateformes d'expression que choisit Gina permettent de mieux définir et comprendre la société actuelle. Entre autres realisations, Gina est la commissaire de l'exposition de photographies *Legacies*: le regard porté par vingt-quatre cultures différentes sur le féminisme et les relations intergénérationnelles. Gina est aussi l'éditeur de *Our Grandmothers Ourselves* qui analyse les liens familiaux et le vieillissement chez une vingtaine de cultures différentes. Gina a realisé sa thèse de doctorat en formation des maîtres et multiculturalisme au Ontario Institute for Studies in Education (OISE) de l'Université de Toronto. Dr. Valle est aussi réalisatrice et productrice du documentaire *The Last Rite* qui relate les rites de passage vers la mort chez les hindous, boudhistes et musulmans. L'oeuvre de Gina valorise la créativité par ses questionnements sur les fondements du vivre ensemble. *Enseigants sous leur meilleur jour* est son 2ème opus.

Authors of Note / Auteurs à lire

I stand on the shoulders of those who came before me. Over the years, I have drawn from the talent and intellect of worldly scholars, who have dedicated their professional work to the very issues examined in this book. They are as follows:

Force est de reconnaître que je suis juchée sur les épaules de mes prédécesseurs. Au cours des années, j'ai été marquée par le talent et la clairvoyance de plusieurs chercheurs érudits et spécialistes qui ont consacré leur travail à se pencher sur les questions soulevées dans cet ouvrage:

Maya Angelou, Gloria Anzaldua, William Ayers, James Banks, Leroy Baruth, Mary Catherine Bateson, Christine Bennett, Jean Clandinin, Marilyn Cochran-Smith, Michael Connelly, Jim Cummins, Lisa Delpit, Grace Feuerverger, Ratna Ghosh, Henry Giroux, Donna Gollnick, Carl A. Grant, Maxine Greene, Jonathon Kozol, Gloria Ladson-Billings, Sonia Nieto, Martha Nussbaum, Christine Sleeter, Charles Taylor, Kenneth Zeichner.